JESÚS

STANLEY SOLANA

Colección
Grandes Biografías

© EDIMAT LIBROS, S.A.
C/ Primavera, 35 Pol. Ind. El Malvar
Arganda del Rey - 28500 (Madrid) España
www.edimat.es

Título: *Jesús*
Autor: *Stanley Solana*
Diseño de cubierta: *Juan Manuel Domínguez*

ISBN: 84-8403-702-9
Depósito legal: M-29677-2003

Imprime: *LAVEL Industria Gráfica*

IMPRESO EN ESPAÑA - PRINTED IN SPAIN

INTRODUCCIÓN

La Palestina anterior a Jesús

Palestina ya no recordaba los tiempos gloriosos de Israel. Por lo general, se componía de artesanos, labradores, pescadores, pastores y otros grupos de personas dedicadas al comercio y a las tareas religiosas. La mayoría de esta gente gozaba del prestigio de ser habilidosa y, en algunos casos, hasta brillante. En lo que concierne al culto monoteísta heredado de Moisés y de Salomón, se apreciaban grandes divisiones. El núcleo mayor lo ocupaban los judíos ortodoxos; sin embargo, en las montañas se encontraban los zelotes, los saduceos y los esenios del Qumran.

De por sí el nombre de Palestina significaba una especie de insulto de los dominadores romanos, ya que se lo dieron basándose en Philistin (filisteos), que habían sido los eternos enemigos de los judíos. Cuando éstos fueron vencidos esa nación se llamaba Canaán. Más tarde sería conocida como Judea, por Judá, que era la más importante de las tribus de Israel.

En aquellas tierras se encontraba Galilea, donde el Jesús adulto realizaría sus más importantes predicaciones, las gentes se miraban en un inmenso lago azul. Muchos eran pescadores no demasiado cultos, a los que delataba la manera de hablar o mejor diríamos su acento. Suelo de un verdor muy fértil, también demostró que era trabajado por unos seres humanos que se hallaban a la espera de una voz que les supiera enseñar otra religión más "amorosa" y "solidaria" que la oficialista llegada desde Jerusalén.

Un comentario muy distinto merece Samaria, la rica y hereje tierra que centraba todo su interés en la montaña de

Siquem, porque seguía creyendo que allí se encontraba el culto a Yahvé en lugar de en el Templo de Jerusalén. Paso frecuente de Jesús, y de donde salieron algunos de sus seguidores.

Los mansos judíos

Aquellos soberbios judíos que aparecen en la Biblia bajo el mando de David, o los otros que fueron regidos por Salomón, el monarca más sabio y poderoso del mundo, habían sido amansados. Sus propias divisiones internas, acaso alimentadas por la existencia de doce tribus desde los tiempos de Jacob, había terminado por debilitar al país. Ya era una colonia de Roma, aunque Herodes contase con una cierta hegemonía política para tomar decisiones locales.

Algunos historiadores nos descubren la sorprendente circunstancia de que hubiese más judíos fuera de Palestina que dentro de la misma. En efecto, las sucesivas invasiones del territorio, que en algunos casos duraron siglos, había propiciado que grandes colonias judías se establecieran en los países mediterráneos. Si en los tiempos de Moisés, la principal se hallaba en Egipto, en aquellos tiempos es difícil localizar dónde estaba la más próspera.

Se tiene la certeza de que en Roma se encontraban poderosas familias de origen judío, que seguían practicando sus ritos y mantenían las costumbres ancestrales; sin embargo, se hallaban bien asentadas en la capital. También eran judíos los más importantes comerciantes y navieros, aunque no se tiene idea de que en ningún momento pensaran utilizar su dinero o parte del mismo para liberar a Palestina.

La gran importancia de los sacerdotes

Las leyes de Moisés eran tan rígidas como una roca, no permitían concesiones. Se basaban en grandes preceptos, en unos rituales obligatorios y concedían la exclusividad en su control a los sacerdotes. Esto los había convertido en dictadores, capaces de imponer rígidos controles en todo el país. Ya hemos escrito que existían divisiones en lo religioso, quizá por esta causa el Sanedrín, conjunto de jueces-sacerdotes, ejercía un control muy riguroso.

Jesús y los pescadores. (Dibujo de Rembrandt)

No dudaban en cubrir Palestina de espías, con el fin de que no volvieran a estallar nuevos conflictos. Cuando Jesús comenzó a predicar, en todo momento se vio vigilado, a la espera de que

7

cometiese el error definitivo. Algo que contaremos más adelante.

La cuestión del Mesías

La palabra aramea *meschiah* significa "el unido del Señor". Su traducción en griego es *Christós,* por eso se dio a Jesús este nombre. Sin embargo, fueron muchos los reyes, como David, patriarcas, profetas y sumos sacerdotes que recibieron el nombre de Mesías. Israel le esperaba, hasta que una serie de fracasos por culpa de algunos impostores, llevó a que alargasen la aparición del verdadero.

Singularmente, en Jesús se dieron todas las circunstancias para ser considerado el único Mesías. Si el profeta Isaías había dicho "brotará un retoño del tronco de Jesé y renacerá de sus raíces un vástago", en el hijo de María y José se cumpliría esto al provenir de la familia del rey David. También le correspondería el salmo profético "pero tú, Belén de Efratá, pequeña entre los clanes de Judá, de ti me saldrá quien señoreará en Israel", porque nació en este lugar.

A pesar de todo lo anterior, los judíos oficialistas no concedieron a Jesús la condición de Mesías. Ni siquiera le hicieron caso al oírle reconocerse como tal. Tendrían que ser sus discípulos y, más tarde, medio mundo los que le otorgasen una condición que sólo a él le correspondía.

A pesar de su insignificancia

Cuando se lee a los historiadores romanos de la época, como Tácito, uno se da cuenta de que Israel era vista como una colonia insignificante. Pero en ella nacieron las tres religiones monoteístas más importantes del mundo: la judía, la cristiana y la mahometana. Es cierto que esta última surgió en otro país, pero el Corán difícilmente hubiese podido ser redactado sin la existencia de la Biblia; además, muchos de los personajes principales de este texto cumplen una labor, aunque sea menor, en el mahometano. Así lo vio acertadamente Grundmann:

La humanidad debe a Israel la creencia en un Dios creador y conservador del cielo y de la tierra que rige los destinos
de los pueblos y de los hombres; irrepresentable e inaprensible,
no es un pedazo de su mundo, sino que se encuentra frente a él
y lo gobierna. Israel testimonia de sí mismo que este Dios es
aliado suyo y lo hizo el pueblo de su alianza, le reveló su ser y
le dio a conocer su voluntad en santos mandamientos.

Jesús enseñando. (Dibujo de Rembrandt)

Con esto Israel abrió la puerta a las otras dos religiones. Para que llegase la cristiana fue necesario que en aquel territorio, que sorprendentemente sólo miró al Mediterráneo para huir, naciese el Hijo del hombre, Jesús, para entregar su doctrina y su vida por el género humano.

La estructura de nuestra obra

Todos los que nos hemos propuesto escribir una biografía de Jesús hemos debido partir de los cuatro evangelios oficiales, con aportaciones de los apócrifos y otros textos. En realidad el trabajo resulta bastante complejo al no existir una cronología lógica: los evangelistas no cuentan los mismos hechos, aunque intenten reflejar la vida de Jesús. Describen sucesos de una gran importancia, que los otros ignoran y, a la vez, cada uno de ellos aporta nuevas experiencias casi en exclusiva.

Nosotros hemos seguido un hilo argumental que creemos lógico, sin poder asegurar que respetemos fielmente la cronología. Lo que nos ha importado es reflejar a Jesús como Hombre, no olvidar sus actos más importantes e introducir algunas aportaciones, en base a los nuevos descubrimientos de la arqueología.

No obstante, en ningún momento pretendemos adoctrinar a nadie, porque el lema de nuestra colección de Iniciados, que estamos respetando todos los autores, es ofrecer una biografía bien documentada, con un estilo literario muy ameno, para que usted, si lo desea, prosiga sus propias investigaciones. Como primera ayuda le ofrecemos una extensa Bibliografía en la página 187.

Ahora confiamos que esta lectura le entretenga y, sobre todo, despierte su curiosidad sobre el tema.

CAPÍTULO I

HIJO DE UNA VIRGEN

Una mujer de 15 años

María había cumplido los 15 años, era hija de Joaquín y Ana y jamás había mantenido relaciones carnales con ningún hombre. Por alguna singular circunstancia se había propuesto conservar su virginidad, sin que esto supusiera una de sus mayores prioridades. Bastante tenía con ayudar en las faenas caseras, en el campo y en cumplir con los rigurosos preceptos religiosos.

No podríamos considerarla hermosa, aunque había algo en sus ojos y en su figura que atraía, más por el respeto y la seriedad que inspiraba. Lo que a todos sorprendía es lo pronto que se había hecho madura. Desde niña muy pocas veces se le vio perder el tiempo. Se diría que la faltaban horas al día para cumplir con sus obligaciones, por este motivo se empeñaba en realizar sus tareas lo antes posible, sin atropellarse. También sabía anticiparse a las órdenes de sus padres, lo que no podemos considerar extraordinario porque jamás se mostraba remolona ni parecía cansarse. Otro de sus dones era una sonrisa permanente, ya que el hecho de ver amanecer un nuevo día le llenaba de felicidad.

Habituada a las tradiciones orales de Israel, respetaba todas menos una: esa predisposición que habían mostrado las grandes mujeres por verse rodeadas de hijos propios. A María le gustaban los niños, especialmente los hijos de sus numerosas primas.

Un día supo que iban a casarla con José, el joven carpintero. Le conocía muy bien, porque en la pequeña aldea de Nazaret, donde ambos vivían desde su nacimiento, todos andaban al tanto de las actividades y comportamientos de sus vecinos.

Singularmente, en aquella sociedad rural, lo mismo que en todo Israel, el matrimonio no obligaba a mantener una convivencia permanente. Los cónyuges podían seguir viviendo en las casas de sus padres, si lo deseaban; pero, al momento, se adquiría un compromiso de fidelidad absoluta. La situación cambiaba cuando se tenía descendencia, ya que entonces el matrimonio debía unirse para criar al recién nacido con la mayor dedicación posible.

La visita del ángel Gabriel

María se levantó aquella mañana muy seria. Como en seguida se aseó y, luego, fue a la reducida cocina a preparar el desayuno de sus padres, ya que salían de viaje, nadie pudo apreciar el cambio. Mientras les veía partir, ya tenía en las manos la ropa que iba a llevar al lavadero.

Horas más tarde, mientras se encontraba cosiendo en el interior de la casa, un gran resplandor le hizo mirar hacia delante. En aquel instante vio a un joven vestido de blanco, resplandeciente, que la contemplaba con una limpia sonrisa. Lo normal hubiera sido que la muchacha nazarena se cayera de la silla, dominada por el pánico y, después, intentase balbucir unas preguntas: "¿Quién es usted...? ¿Por dónde ha entrado...? ¿Qué desea de mí?"

Sin embargo, se limitó a ponerse de pie, no dando muestras de sentir miedo, como si estuviera recibiendo una visita que llevaba esperando desde que nació. Por eso escuchó llena de gozo este mensaje o anunciación:

-Tú eres muy grata a los ojos de Dios. Presta atención: ¡concebirás y darás a luz a un hijo, al que pondrás el nombre de Jesús! Va a ser tan grande que se le llamará el Hijo del Altísimo. Jahvé, el Señor, le concederá el trono de su padre David. Reinará en la casa de Jacob hasta la eternidad y su soberanía jamás conocerá un final.

María se hallaba preparada para escuchar estas palabras, cuya dimensión era tan colosal que permaneció en silencio durante unos minutos. Porque su mente humana necesitaba "procesar" toda aquella información. Hasta que la lógica, dentro de un desarrollo totalmente irreal por su carácter divino, le llevó a formular esta pregunta:

-¿Cómo podrá suceder ese prodigio que me anuncias si yo no he mantenido trato con ningún hombre?

El ángel Gabriel disponía de la respuesta más tranquilizadora:

-El Espíritu Santo llegará a ti y la virtud del Altísimo te protegerá en todo momento. Esto permitirá que lo Santo que brotará de tu vientre sea llamado justamente Hijo de Dios. Además, tu vieja prima Isabel ya está embarazada de seis meses, a pesar de que haya sido llamada la estéril. Para Dios nada es imposible.

Estas nuevas palabras hubieran resultado ininteligibles para otra mujer. María las comprendió en el acto, aunque el peso de su responsabilidad le llevó a arrodillarse. Nunca se había sentido más fuerte. Su postura suponía un acto de respetuosa sumisión, lo que demostró con unas sentidas frases:

-Ante ti tienes a la esclava del Señor. Que se cumplan en mí todas tus palabras.

Así concluyó el instante sublime, mientras el resplandor se apagaba y el ángel se desvanecía en el aire, sin necesidad de atravesar paredes ni techos. Acababa de dejar su mensaje; y ya en el seno de María estaba germinando una vida única.

Minutos después, salió del trance con el gesto feliz, hasta que la realidad le llevó a comprender que no podía contar a nadie lo sucedido. ¿Quién la creería? Era una joven pobre, sin ningún mérito aparente que le concediese el derecho a ser visitada por un ángel, el cual le había anunciado que sería "la madre del Hijo de Dios"... ¿No la considerarían sus vecinos una loca en el caso de que propagase lo que acababa de sucederle?

Lo más prudente sería mantener en secreto el gran acontecimiento. Más adelante encontraría la manera de resolver una situación tan comprometida.

La vieja prima Isabel

María esperó la llegada de sus padres sin dar muestras de intranquilidad. Nunca les había mentido, ni pensaba hacerlo. Tampoco dudó al contarles el prodigio, y fue creída desde el primer momento. Es posible que se produjera una comunicación a nivel de sensibilidades, una emoción compartida o, en un plano más vulgar, un no creer los padres que una mente sencilla y honesta como la de su hija pudiera ser capaz de inventar una mentira tan fabulosa.

El hecho es que entre los tres se produjo un entendimiento casi instantáneo; mientras, los abrazos sellaban un pacto de silencio: nadie debería conocer el embarazo. Y cuando María pidió que deseaba ir a visitar, sola, a su prima Isabel no se le negó este derecho, que le pertenecía por el anuncio del ángel. Iba a ser la primera vez que abandonaba Nazaret, para llegar a Judea que se hallaba a unas tres jornadas de distancia. A los ojos de su padres se había convertido en una mujer superior, en alguien capaz de afrontar cualquier riesgo, porque quien le había concedido el don de la maternidad divina seguró que le brindaría la oportuna protección. No obstante, se le dieron algunos consejos y le prepararon unas provisiones.

Por otra parte, seis meses antes el noble rabino Zacarías había recibido una asombrosa visita en el templo. Se hallaba a punto de abandonarlo, después de haber cumplimentado todos los servicios, cuando fue deslumbrado por la presencia del ángel Gabriel. Como si hubiera sido fulminado por un rayo, el anciano cayó en el suelo a la vez que se tapaba la cara con las dos manos. Todo él era un temblor de pánico.

-Nada temas de mí, Zacarías. Muchos años llevas rogando la ayuda de Dios para que Isabel, tu esposa, tuviese un hijo. Desde hoy ya se ha plantado la semilla en su vientre. Deberéis llamarle Juan. ¡A él le corresponderá el honor de preparar al pueblo de Israel!

La noticia al rabino le pareció tan increíble que dudó, sólo unos segundos, debido a que fue incapaz de entender cómo

14

se le brindaba el favor cuando ya era un viejo en lugar de haberlo hecho en su juventud.

María visitó a su prima Isabel en el mejor momento

-Como no has creído en mis palabras perderás la voz hasta el día que nazca tu hijo -anunció el ángel Gabriel.

Esto fue lo que le sucedió al rabino, sin que se sintiera dolido porque el fruto que iba a recibir bien merecía ese castigo que le iba a impedir cumplir con sus obligaciones en el templo. Le esperaban nueve meses ejerciendo unas funciones menores, mientras se comunicaba con los fieles por medio de la escritura y, sobre todo, a través de intermediarios que sabían leer.

Un jubiloso encuentro

Es posible que María cubriese el camino entre Nazaret y Judea en un borriquillo, al que se le habían colocado unas alforjas en las que iban las provisiones de la viajera y unos regalos para sus primos. Corto se le hizo el recorrido, gracias a que su mente anduvo ocupada con tantos proyectos futuros.

Un sol primaveral le recibió al entrar en la ciudad; y grande fue su gozo al descabalgar. Estaba viendo, por la puerta abierta de la casa, a su vieja prima con los largos cabellos canosos recién peinados mirándose el abultado vientre. La risa iluminaba su rostro y todo en ella se mostraba como un canto de felicidad.

-¡Mi querida Isabel! -exclamó Maria sintiéndose más unida a aquella mujer.

Súbitamente, la aludida se giró, compuso una expresión admirativa y sin poder contenerse saludó:

-¡Seas tú bendita entre todas las madres y sea bendito el fruto que guarda tu cuerpo! ¿A qué se debe el inmenso honor de que venga a visitarme la madre de mi Señor? ¡Fíjate si será tan grande el júbilo con que eres recibida, que hasta el niño que llevó en mi matriz está dando brincos de alegría!

Para demostrar María que compartía la dicha de Isabel entonó una canción magnífica, nacida de la inspiración que le otorgaba el Ser que se estaba formando en su vientre:

Mi alma enaltece al Señor
y mi espíritu se llena de felicidad en mi Salvador.
Porque ha reconocido la humildad de su esclava.

Desde hoy seré llamada bienaventurada
por todas las generaciones futuras.
Dios ha realizado en mí maravillas,
santo sea su nombre.
Y su misericordia alcance a los hombres y mujeres
que le temen.
Extendió el poder de su brazo,
alejó a los orgullosos de corazón,
expulsó de los tronos a los malos soberanos
y encumbró a los humildes.
A los hambrientos les sació para siempre
mientras a los ricos los alejaba con las bolsas vacías.
Recibió a Israel, su siervo,
teniendo presente su misericordia
-como anunció el profeta a nuestros padres-
en beneficio de Abraham y su descendencia por los si-
(glos.

Este canto sería llamado el "Magníficat". Resulta sorprendente en una mujer de quince años, que acaso fuera analfabeta, a pesar de haberse formado una gran cultura religiosa porque no olvidaba nada de lo que oía, especialmente las tradiciones religiosas. Aunque si hemos de creer que se hallaba en las primeras semanas de su maternidad divina, podemos aceptar cualquier habilidad menor.

Tres meses permaneció María en casa de sus primos. A los pocos días de nacer, el niño debió ser circundado, como imponía la tradición. Entonces la madre quiso ponerle el nombre de Juan, a lo que se opusieron todos sus familiares ya que ninguno de ellos, ni sus antepasados, lo habían llevado. Frente a la obstinación de la madre, que no podía ir en contra de las órdenes del ángel Gabriel, se recurrió a Zacarías.

Éste escribió el nombre elegido en un papel, para comprobar que era capaz de leerlo en voz alta: "Juan". Había recuperado la voz, con lo que el entusiasmo colectivo adquirió unas grandes dimensiones. Ya nadie se opondría a que el niño llevase ese nombre.

Sin embargo, aquella misma noche María e Isabel se miraron con una expresión muy grave. No tuvieron necesidad de convertir en palabras lo que les preocupaba: "¿Cómo reaccionaría José, el carpintero, cuando supiera que su futura esposa estaba embarazada? ¿Se hallaba en condiciones de aceptar la intervención del Espíritu Santo? Y en el caso de que se negara a casarse con María, ¿sería ésta lapidada por adúltera?"

José, un hombre tolerante

Las leyes israelitas eran muy severas con la mujer adúltera. A pesar de que María no se hubiera casado con José, desde el mismo día que se hizo público su compromiso matrimonial pasaron a ser una pareja de hecho, por lo tanto ambos, especialmente la mujer, se hallaban obligados a respetar la fidelidad conyugal.

A su regreso a Nazaret, María se encontró con José porque éste no había dejado de añorarla. La amaba intensamente, hasta el punto de que la besó las manos nada más ayudarla a descender del borriquito. Juntos fueron a visitar a los padres de ella, luego ésta se aseó, se cambió de ropas y comió. Ya no le pesaba la responsabilidad, porque tenía el convencimiento de que contaría con el apoyo del carpintero. Pero...

—Debes creerme, José —repitió por tercera vez María—. Estoy embarazada por obra y gracia del Espíritu Santo.

—Debería creerte porque te amo, mujer... Mi corazón me dice que tú eres incapaz de mentir... Claro que soy un hombre... Las gentes se hallan al tanto de que no hemos estado juntos en los tres últimos meses... Y yo sé que nunca hemos compartido la cama...

—Voy a ser la madre del Hijo de Dios, José.

El carpintero estaba sordo ante cualquier explicación. Incapaz de pensar, porque la confesión que acababa de oír le había desbordado por completo, abandonó la casa. Largas horas pasaría caminando, sin rumbo. Era analfabeto, acaso no acudiera al templo con excesiva frecuencia, porque el trabajo faltaba; y cuando se presentaba la oportunidad, debía aprovecharla olvidando los compromisos religiosos.

También pesaba en su ánimo el concepto machista de que él no había "probado" a María, a la que amaba más que a su propia vida. Por último, se inclinó por romper el compromiso, con lo que ella quedaría libre. Pero, ¿qué pensaría la gente cuando supieran que iba a tener un hijo? Dentro de pocos meses ella no podría disimular el abultamiento de su vientre...

José no pudo evitar la duda ante el embarazo de María.

"Debo protegerla", se dijo, lleno de indecisión. "Casada conmigo no correría ningún peligro. Pero yo seguiré con la duda... ¿Qué debo hacer?

Le venció el sueño muy entrada la noche. Una vez se metió en la cama, sin dejar de moverse preso de la intranquilidad, se le apareció en sueños el ángel Gabriel y le dijo:

-Aleja de tu cabeza cualquier temor, José. María es portadora de un niño que ha sido engendrado por el Espíritu Santo. Le llamaréis Jesús, porque vendrá al mundo para salvarlo del pecado.

El carpintero ya pudo dormir sosegadamente. A la mañana siguiente, se arregló mejor que nunca, se vistió sus mejores ropas y llegó a casa de sus futuros suegros, a los que pidió que le entregasen a María porque deseaba hacerla su esposa. En seguida fue complacido, para que la nueva pareja marchase a ocupar la que sería su nuevo vivienda. En el momento que cruzaron el umbral de la misma el matrimonio quedó materializado. Ya eran marido y mujer ante los ojos de la sociedad, y de ellos mismos. Sin embargo, dormirían en camas distintas hasta el nacimiento del Hijo de Dios.

La "lógica" de la leyenda

Vamos a considerar leyenda los múltiples evangelios apócrifos, el montón de escritos "no oficiales" y cualquier otra forma de literatura "sin respaldo del Vaticano". Para el comportamiento de José se cuenta con un versión "lógica", dentro de un concepto más humano de la historia.

En este caso el carpintero es presentado como un hombre muy maduro, casado en segundas nupcias con María. De su primer matrimonio habría tenido varios hijos, lo que explicaría que en algunos de los evangelios se apunte la posibilidad de que Jesús tuviera hermanos mayores.

Una hombre que ha conocido mujer, si además cuenta con los años suficientes para prescindir del sexo, puede aceptar mejor la convivencia con una virgen. Una virgen que lo continuará siendo hasta el fin de sus días, es decir, casi hasta los cien años.

No obstante, imaginar a un José resignado a amar platónicamente a su esposa supone un pequeño esfuerzo por su excepcionalidad. Vivió a su lado, compartieron la casa y en muchos momentos hasta el lecho, y nunca la tocó carnalmente. La imagen es de un excelso romanticismo, propio de los caballeros andantes de la Edad Media.

La verdad es que fueron muchos los problemas que esta pareja debió afrontar, por lo que en escasos momentos dispusieron de tiempo para pensar en ellos mismos. Estaban asumiendo el papel de padres del Hijo de Dios, y sólo podrían cuidarle unos pocos años. En seguida le verían independizarse, buscar sus propios senderos; mientras tanto, ellos se quedaban en casa a la espera de noticias. Temerosos al desconocer el destino que podía correr. Un destino que tardaría en hacerse realidad porque aquél todavía no había venido al mundo.

Se cumplió la profecía

Recientes investigaciones han demostrado que José y María no fueron a Belén para cumplimentar un empadronamiento obligatorio, debido a que Israel todavía no era una provincia romana. Tampoco llegaron en diciembre, y sí en la primavera.

La elección de Belén la realizó Zacarías, por algo era un rabino. Después de la visita de los ángeles, unido al sorprendente nacimiento de su hijo Juan, junto a la anunciación de que María iba a ser madre del Hijo de Dios, le llevó a decidir que se cumpliera la profecía de Miqueas:

Pero tú, Belén de Efratá, la más pequeña entre los clanes de Judá, serás la cuna en la que nacerá quien se señoreará en Israel.

De Nazaret a Belén había ciento cincuenta kilómetros de un camino bastante duro, especialmente para una mujer embarazada. Seguro que el matrimonio se sirvió de un asno como montura, además de llevar una pequeña carga. En las distintas etapas fueron utilizando el cielo abierto como alojamiento, al amparo de un grueso árbol, una pared rocosa o cualquier otra protección natural.

Las gentes humildes jamás pensaban en comadronas, mucho menos en médicos, debido a que en el parto intervenían las mujeres que se hallaban próximas, por lo general las más expertas de la familia. En este caso se esperaba contar con algún tipo de ayuda divina.

Cuando llegaron a su destino, se fueron a encontrar con que la pequeña ciudad y su entorno se hallaba en fiestas. Todos las posadas estaban ocupadas; no obstante, se habían instalado infinidad de tiendas y habilitado cuevas y corrales como viviendas provisionales. Esto era muy corriente en la época, sobre todo cuando se celebraban grandes fiestas como la de Pascua.

José y María pudieron ocupar una de éstas, casi la última, cuando temían que iban a verse obligados a dormir a la intemperie. El nacimiento de Jesús era cuestión de horas. Estamos convencidos de que muchas personas prestaron ayuda a la parturienta, debido a que era una costumbre muy arraigada en aquellas tierras, algo tan sagrado como la ancestral obligación de facilitar socorro en el mar a cualquier naufragio.

CAPÍTULO II

EL MAYOR ACONTECIMIENTO DE LA ÉPOCA

El nacimiento del Hijo de Dios

Eran familias de pastores quienes se hallaban junto a José y María en el momento del parto. Los hombres encendieron una hoguera y las mujeres se preocuparon de hervir el agua y de tener una buena cantidad de trapos limpios, que en su momento utilizarían como toallas y vendas.

-Ya viene... -musitó la dulce nazarena, sin dar muestras de sentir ningún tipo de dolor.

La llegada al mundo de Jesús puso ocurrir igual que si surgiera del cofre más preciado: un rayo de sol hecho niño, limpio de sangre y restos de placenta, llenando la cueva de luz y libre del cordón umbilical. Quedó en las manos de la mujer que asistía a María con los ojos abiertos y moviendo las manitas. Y fue todo un milagro que la portadora no lo dejase caer, porque se hallaba sobrecogida al estar protagonizando un momento único.

Como la cueva-establo se había llenado de luz, los asistentes supieron que el recién nacido iba a ser un gran hombre. Todo un espectáculo digno de alimentar las más encendidas leyendas, como la que recoge Jean-Paul Roux en su libro "Jesús de Nazaret":

El Proto-Evangelio de Santiago cuenta que una luz cegadora inundó la cueva de Belén. Cuando se retiró, apareció Jesús; esto equivale a decir que la luz era consubstancial a él o era una de sus epifanías. La leyenda, menos cierta que sus detalles, se

23

desarrolla diciendo que José, ingenuo, fue en busca de una comadrona para asistir a María. La encontró, la llevó junto a su esposa, "y la mujer se detuvo ante la caverna. Y he aquí que una nube resplandeciente cubría esa caverna, y la comadrona dijo: "Mi alma ha sido glorificada hoy, porque mis ojos han visto maravillas." Y de pronto la cueva se llenó de una claridad tan intensa que el ojo humano no podía contemplarla. Y cuando esta luz se hubo disipado poco a poco, se vio al niño. María, su madre, le estaba dando de mamar. Y la comadrona exclamó: "Éste es un día grande para mí, porque he presenciado un sublime espectáculo." Y salió de la caverna y se encontró con Salomé. Y la comadrona dijo a Salomé: "Tengo grandes noticias que contarte: una virgen ha engendrado y ha permanecido virgen."

Esta leyenda no podemos considerarla tan exagerada porque en su esencia se aproxima bastante a lo escrito por el evangelista Juan:

Y para eso el Verbo se hizo carne, y habitó en medio de nosotros; y nosotros hemos visto su gloria, gloria cual el unigénito debía recibir del Padre, lleno de gracia y de verdad.

Estos términos tan herméticos, propios de iniciados o de teólogos, quedan mejor representados por la literatura popular, aunque recoja muchos elementos fantasiosos. Lo que queda en esencia es que el nacimiento de Jesús fue todo un acontecimiento universal. Como lo prueban unos hechos comprobados por la arqueología y la astronomía, además de por otras ciencias.

Los Magos no eran reyes

Son muchos los historiadores que no ven a los Magos como reyes, porque los consideran unos sabios astrónomos o astrólogos. Más bien eran esto último, porque en aquellos tiempos se observaba el movimiento de los astros para comprender el destino. El centro de la astrología se encontraba en Babilonia, donde ya había científicos judíos desde la época de Daniel.

Nacimiento de Jesús en Belén.

Se cree que los tres Magos fueron unos astrólogos judíos que residían en Babilonia. Porque sólo quienes conocieran la "conjunción de Moisés", unido a lo que esto significaba en el momento que se repitiera, pudieron sentirse tan emocionados al ver la "estrella". En seguida "leyeron" el mensaje, y ya no dudaron en marchar a Palestina. No obstante, resulta muy difícil creer que la estrella les marcara el camino, como puede hacerlo una actual señal de tráfico, ya que su guía fue el conocimiento que tenían de las tradiciones de su pueblo. Por eso llegaron a Jerusalén y preguntaron a Herodes, lo que no hubieran necesitado de saber que por las noches iban a contar con la estrella desplazándose en la dirección a seguir.

W. Otto afirmó que la secta de los fariseos fue la que más apoyó la idea de que el Mesías iba a aparecer en Palestina; mientras tanto, el pueblo se hallaba convencido de que el reino de Herodes estaba a punto de finalizar "dado que muy pronto aparecerá la señal divina que estamos aguardando".

En unas excavaciones arqueológicas realizadas por Schnabel en Babilonia se encontraron unas tablillas cuneiformes, en las que se dejó registrado que la escuela de astronomía de Sippar había observado la conjunción de Júpiter y Saturno en Piscis a lo largo de cinco meses del año 7 a.C. Es posible que aquellos sabios no sintieran ningún tipo de inquietud al no ser judíos. Reacción muy distinta a la de los tres magos, los cuales se pusieron en camino durante el mes de enero. Como tardaron unos cuarenta y cinco días en llegar a Jerusalén, debieron entrar allí a finales de febrero o en la primera semana de marzo.

Los textos evangélicos nos indican que se produjeron una serie de consultas entre los magos y Herodes, que bien pudieron cubrir los veinte días. Hasta que se supo que "ese niño rey de Israel" nacería en Belén, que estaba a unos ocho kilómetros de Jerusalén. Sin embargo, hacia el 14 de marzo se produjo la tercera conjunción de los planetas, lo que debió ser observado por los astrólogos judíos venidos de Babilonia. Esto les llenó de gozo.

La matanza de los niños

Los historiadores modernos toman como referencia a Herodes "el Grande", del que existen suficientes datos históricos para situar el nacimiento de Jesús. Como los evangelios citan que este personaje reinaba en esa época, les sorprende comprobar que su muerte fuese a ocurrir el mes de abril del año 4 a.C. Lógicamente, debe existir un error en alguna parte de la historia.

Teniendo en cuenta que Herodes ordenó la matanza en Belén o Betlehem de los niños menores de dos años, hemos de desplazar la fecha, con lo que esta tragedia tuvo que suceder en el año 8 ó 7 a.C. A pesar de que Josefo, el historiador de los judíos, no la cite en sus escritos, se cuenta con un testimonio muy creíble: Macrobio al realizar la biografía de Augusto, en el año 400 d.C., tomó como referencia un gran número de documentos, que hoy se han perdido, en algunos de los cuales se recogía la matanza de los niños ordenada por Herodes. Esto debe mantenernos en la idea de que se produjo en el año 8 ó 7 a.C.

En el Evangelio de Mateo (capítulo 2, del versículo 16 al 18), se puede leer lo que sigue:

Entonces Herodes, viendo que los magos le habían burlado, se enfureció sobremanera, y mandó matar a todos los niños de Betlehem y de toda su comarca, de la edad de dos años para abajo, según el tiempo que había averiguado de los magos. Entonces se cumplió la palabra dicha por el profeta Jeremías: "Un clamor se hizo oír en Ramá, llanto y alarido grande; Raquel llora a sus hijos y rehusa todo consuelo, porque ellos no están más."

Este último pasaje hace referencia al momento histórico en que Sargón llevó al exilio al pueblo de Israel. Como Raquel era la madre de algunas de las tribus principales, las de Efraím, Manasés y Benjamín, el hecho de lamentarse por sus "hijos" debe verse como una metáfora lógica. Mientras que Rama era una ciudad de Benjamín, en la que se creía que se hallaba situada la tumba de Raquel.

El terror de Herodes

En el instante que la esperada "estrella de Moisés" surgió en el año 7 a.C, fue tanto su resplandor que algunos astrónomos la pudieron contemplar. No había sucedido igual con otras que aparecieron en el cielo los años 126 y 66 a.C., debido a que brotaron en las últimas horas del atardecer, cuando los rayos del sol imposibilitaban la visión del fenómeno, o durante el mediodía, lo que hizo todavía más difícil contemplar lo que estaba ocurriendo en el firmamento..

Como esto no sucedió con la conjunción del año 7 a.C., debió ser tenida por una señal muy especial, sobre todo al repetirse el 29 de mayo, el 3 de octubre y el 14 de enero. ¡Los astrónomos ya no dudaron de que se hallaban ante el anuncio de la venida del Mesías!

Se tiene la certeza de que en Israel se esperaba este acontecimiento. Cuando los "reyes magos" llegaron ante Herodes para preguntar sobre el recién nacido rey de los judíos, se nos dice en el texto evangélico que el cruel monarca sintió terror, lo mismo que todo Jerusalén.

Pero el terror sólo debió acusarlo Herodes por su condición de extranjero. La noticia le hizo suponer que iba a perder el cargo, lo que le llevó a emplear la astucia, al principio; y más tarde, luego de comprobar que los "reyes magos" no habían venido a darle la noticia del nacimiento de ese niño, la más despiadada crueldad.

El historiador W. Otto ha podido demostrar que en el año 6 a.C. ya hervía entre el pueblo judío la idea de que estaba muy cercana la llegada del Mesías. Como se crearon grupos importantes que apoyaban fervientemente esta creencia, con el propósito de que se hiciera realidad lo antes posible, Herodes se encargó de deshacerlos con severos castigos. Luego se hallaba alertado, y el anuncio de los Reyes Magos sólo vino a confirmarle que todos sus temores eran ciertos.

28

Pocos cuestionan la estrella de los tres Sabios

La presencia de los tres Magos en Belén puede ser considerada un documento histórico, en virtud de toda la información que se dispone. Oswald Gerhardt apoya rotundamente esta idea, como también lo hacen otros estudiosos ateos. Richard Hennig escribió sobre este tema lo que sigue:

Los reyes magos ante el portal de Belén.

Que los Reyes Magos estuvieran realmente o no al pie de la cuna de Jesús y le rindieran adoración es un misterio al que los historiadores no pueden dar una respuesta segura. Posiblemente la leyenda haya añadido después muchos detalles poéticos al acontecimiento. Pero sí parece ser segura una cosa, algo que yo he resumido en la fórmula siguiente: "El fenómeno astronómico mencionado en el segundo capítulo del Evangelio de san Mateo ha de ser estimado como un suceso de indudable carácter histórico, y su interpretación astrológica no podría ser otra sino la que un recién nacido rey de los judíos había visto la luz del mundo." Como la realidad de la matanza de los niños de Belén se encuentra demostrada por el testimonio de Macrobio, podemos afirmar con toda energía que el capítulo segundo del Evangelio de san Mateo, en lo que respecta al relato de los Reyes Magos venidos de Oriente, puede ser considerado digno de crédito en líneas generales.

CAPÍTULO III

LA FORMACIÓN DE JESÚS

La huida a Egipto

En el Evangelio de Mateo (capítulo 2, del versículo 13 al 15) se escribe lo siguiente:

Luego que partieron (los Reyes Magos), un ángel del Señor se apareció en sueños a José y le dijo: "Levántate, toma contigo al niño y a su madre y huye a Egipto, donde permanecerás hasta que yo te avise. Porque Herodes va a buscar al niño para matarlo." Y él se levantó, tomó al niño y a su madre, de noche, y salió para Egipto. Y se quedó allí hasta la muerte de Herodes, para que se cumpliera lo que había dicho el Señor por el profeta: "De Egipto llamé a mi hijo."

Esta frase corresponde a un versículo de Oseas, que Mateo empleó con un sentido mesiánico. Algunos historiadores tienen muy en cuenta la afición del evangelista a utilizar citas del Antiguo Testamento, con el propósito de relacionar el regreso de Jesús con el de Moisés, que sí estuvo en Egipto. La estancia de José, Maria y el niño en el país del Nilo es muy discutible. Se prefiere recurrir a que la referencia supone una alegoría.

Lo que se acepta es la huida, que puede ser a cualquier lugar donde no llegase la influencia de Herodes y sus amigos romanos. Tampoco se nos indica el tiempo que duró este alejamiento de Palestina. Mientras tanto, el infanticida no se había cansado de matar niños, ya que acabó con la vida de Mariam, una de sus esposas, y de los dos hijos que ésta le había dado. Se ha escrito que también asesinó a otros de sus hijos, incluso a Antípater, el mayor de todos ellos. Conviene saber que tuvo catorce hijos con sus diferentes mujeres, a la vez que otros con sus concubinas.

Herodes dividió el reino entre tres de sus hijos: Arquelao, Antipas y Filipo. Es posible que lo hiciese cuando sentía muy próximo su fallecimiento, debido a que sufría una serie de enfermedades, la más leve de las cuales era una apoplejía. Cuando le llegó su fin, el peligro desapareció para Jesús. Entonces, según cuenta el Evangelio de Mateo (capítulo 2, del versículo 19 al 23):

> *Muerto Herodes, un ángel del Señor se apareció en sueños a José en Egipto y le dijo: "Levántate, toma contigo al niño y a su madre y vuelve a la tierra de Israel, porque han muerto los que buscaban la vida del niño." Él se levantó, tomó consigo al niño y a su madre y entró en tierra de Israel. Pero oyendo que Arquelao reinaba en Judea en el lugar de su padre Herodes, temió ir allí; y, advertido en sueños, fuese a la región de Galilea. Y llegado allí se estableció en una ciudad llamada Nazaret, para que se cumpliese la palabra de los profetas: "Él será llamado Nazareno."*

Esta nueva cita del Antiguo Testamento que utilizó Mateo para Isaac Asimov resulta difícil de encontrar, a no ser que haya un error y se refiera el evangelista a "nazareo". Entonces sí que puede localizar una referencia, cuando un ángel advierte a la madre de Sansón que va a concebir un hijo que cumplirá los designios divinos. Las palabras del ángel son éstas: *...Será nazareo de Dios el niño desde el vientre de su madre y será el primero que librará a Israel de la mano de los filisteos.*

En este mensaje sí que se puede encontrar el destino de Jesús, que Mateo se cuidó de resaltar, al parecer siempre preocupado en convertir sus escritos en algo transcendente o mesiánico.

El Evangelio según Lucas

Cuenta la leyenda que los Evangelios eran veinte, lo que provocó un gran dilema a los grandes responsables de la Iglesia. Como los textos de cada uno no resultaban demasiado coincidentes, se dejaron sobre un altar para que unas "manos inocentes" lo agitaran. Cayeron al suelo dieciséis, luego los cuatro que se mantuvieron sobre la mesa fueron elegidos por haber contado con el apoyo divino.

A pesar de no conceder mucho crédito a esta leyenda, lo que sí debemos admitir es que los cuatro Evangelios que conocemos, los cuales constituyen el Nuevo Testamento, junto a otros textos, se contradicen en muchas cuestiones.

Por ejemplo, en el evangelio de Lucas no se menciona la presencia de los "reyes magos", luego desaparece la estrella, como también la matanza de los inocentes y la huida a Egipto. Cuestiones demasiado importantes para ser ignoradas. Ante esta circunstancia, los teólogos disponen de una respuesta: "Los evangelios se complementan, luego lo que uno no cita nunca ha de tenerse por un rechazo de lo contado por otro, sino como una nueva información, otra forma de ofrecer el acontecimiento sagrado."

Nosotros aceptamos cualquier comentario, sin dejar de poner en evidencia lo que consideramos palpable. Cuesta tener que aceptar que unos pasajes tan vitales en la vida de Jesús, el creador de una de las doctrinas más importantes del mundo, acaso la que mayor influencia ha ejercido en el pensamiento de la Humanidad, no merezcan ni unas líneas por parte de los otros evangelistas. Acaso esto se deba, sencillamente, a que cada uno de los evangelios, lo mismo que sucedió con los apócrifos, fueron escritos aisladamente, sin poder conocer lo que redactaban los demás. Además, tuvieron muy en cuenta el lugar donde se encontraban y las gentes a quien suponían que iban a interesarles los textos.

Como Lucas no menciona la huida de Egipto, ni la amenaza de muerte que pesaba sobre el niño Jesús, ofrece a la familia sagrada en Belén y en Jerusalén. Así nos relata (capítulo 2, del versículo 21 al 24) este hecho interesante:

Habiéndose cumplido los ocho días para su circuncisión, le pusieron por nombre Jesús, el mismo que le fue dado por el ángel antes que fuese concebido en el seno.

Y cuando se cumplieron los días de la purificación de ellos, según la ley de Moisés, lo llevaron a Jerusalén a fin de presentarlo al Señor, según está escrito en la Ley de Moisés: "Todo varón primer nacido será llamado santo para el Señor", y a fin de dar en sacrificio, según lo dicho en la Ley del Señor, "un par de tórtolas o dos pichones".

Estos hechos dejan bien claro que Jesús era judío, lo que algunos historiadores se han atrevido a poner en duda, acaso porque Mateo no cita en su evangelio los rituales, al llevarlo en seguida a Egipto para que se salve de la amenaza de Herodes. Como se nos aconseja que entendamos estos "olvidos intencionados" como un complemento de la Historia Sagrada, jugaremos en este terreno.

Las profecías de Simeón y Ana

En el Evangelio de Lucas (capítulo 2, de los versículos 25 al 46) se narran otras circunstancias dignas de ser resaltadas:

Y he aquí que había en Jerusalén un hombre llamado Simeón, hombre justo y piadoso, que esperaba la consolación de Israel, y el Espíritu Santo era sobre él. Y le había sido revelado por el Espíritu Santo que no vería la muerte antes de haber visto al Ungido del Señor. Y, movido por el Espíritu, vino al Templo; y cuando los padres llevaron al niño Jesús para cumplir con él las prescripciones acostumbradas de la Ley, él lo tomó en sus brazos, y alabó a Dios y dijo: "Ahora, Señor, des-

pides a tu siervo en paz, según tu palabra, porque han visto mis ojos tu salvación, que preparaste a la faz de todos los pueblos. Luz para revelarse a los gentiles, y para gloria de Israel, tu pueblo." Su padre y su madre estaban asombrados de lo que decía de Él. Bendíjolos entonces Simeón, y dijo a María, su madre. "Éste es puesto para ruina y para resurrección de muchos en Israel, y para ser una señal de contradicción -y tu misma alma, una espada la traspasará- a fin de que sean descubiertos los pensamientos de muchos corazones."

Jesús hablando con los sabios doctores en el templo.

Había también una profetisa, Ana, hija de Fanuel, de la tribu de Aser, de edad muy avanzada; había vivido con su marido siete años desde su virginidad; y en la viudez, había llegado hasta los ochenta y cuatro años, y no se apartaba del Templo, sirviendo a Dios noche y día en ayunos y oraciones. Se presentó también en aquel mismo momento y se puso a alabar a Dios y a hablar de aquel (niño) a todos los que esperaban la liberación de Jerusalén.

Y cuando hubieron cumplido todo lo que era exigido por la Ley del Señor, volvieron a su ciudad de Nazaret en Galilea. El niño crecía y se robustecía, lleno de sabiduría; y la gracia de Dios era sobre Él.

A medida que leemos y releemos los textos de la Biblia, ya sean los del Antiguo o del Nuevo Testamento, entendemos que fueron escritos para gente muy ingenua o de una mentalidad primaria. Se nos dice que los padres de Jesús se asombraron de las palabras de Simeón, dando idea de que no conocían el destino de su hijo. Pero si un ángel se había presentado ante María para anunciarle que iba a concebirlo, sin tener que mantener contacto carnal, porque "Él será grande y será llamado el Hijo del Altísimo; y el Señor Dios le dará el trono de David su padre, y reinará sobre la casa de Jacob por los siglos, y su reinado no tendrá fin".

¿No era éste un anuncio más grandioso que el pronunciado por el viejo Simeón?

La presencia de los dos profetas menores deja claro un deseo de mostrar el destino de Jesús desde una perspectiva humana, muy unida con las tradiciones de Israel. Como si el evangelista necesitara confirmar que el pueblo ya tenía a su lado al Mesías, por eso valía la pena morir o haber trabajado hasta el agotamiento por haber alcanzado el honor de ver al niño que "iba a liberarlo".

En este punto creemos imprescindible resaltar que si para la existencia de Herodes, la estrella de los Reyes Magos y

la matanza de los inocentes existen testimonios, que los conceden un valor histórico, no sucede lo mismo con todo lo que cuenta Lucas. Pocos momentos de la vida de Jesús pueden ser demostrados "arqueológicamente", luego creer en los hechos que se citan en los cuatro evangelios es una cuestión total de fe.
"...Que yo esté en lo de mi Padre..."

En el Evangelio de Lucas (capítulo 2, del versículo 41 al 52) se ofrece lo que sigue:

Sus padres iban cada año a Jerusalén, por la fiesta de la Pascua. Cuando tuvo doce años, subieron, según la costumbre de la fiesta; mas a su regreso, cumplidos los días, se quedó el niño Jesús en Jerusalén, sin que sus padres lo advirtiesen. Pensando que Él estaba en la caravana, hicieron una jornada de camino, y lo buscaron entre los parientes y conocidos. Como no lo hallaron, se volvieron a Jerusalén en su busca. Y al cabo de tres días lo encontraron en el Templo, sentado en medio de los doctores, escuchándolos e interrogándolos; y todos los que le oían, estaban estupefactos de su inteligencia y de sus respuestas. Al verlo (sus padres) quedaron admirados y le dijo su madre: "Hijo, ¿por qué has hecho así con nosotros? Tu padre y yo te estábamos buscando con angustia." Les respondió: "¿Cómo es que me buscabais? ¿No sabíais que conviene que Yo esté en lo de mi Padre?" Pero ellos no comprendieron las palabras que les habló.

Y bajó con ellos y volvió a Nazaret, y estaba sometido a ellos, y su madre conservaba todas estas palabras (repasándolas) en su corazón. Y Jesús crecía en sabiduría, como en estatura, y en favor ante Dios y ante los hombres.

Esas palabras de "conviene que Yo esté en lo de mi Padre" parecen dejar claro que Jesús necesitaba tomar contacto con los sabios, para discutir cuestiones religiosas. Sin embargo, no creemos que se conformara con esos tres o cuatro días, que le dejaron "sometido" a su familia hasta... ¿Cuánto tiempo?

Los textos evangélicos mencionan que en el momento que Jesús se encuentra con Juan Bautista ya ha cumplido los treinta años. ¿Qué hizo en los dieciocho que faltan desde que estuvo en el Templo hablando con los sabios? Los historiadores apuntan infinidad de hipótesis, algunas de las cuales merece la pena tener muy en cuenta.

¿Qué estaba sucediendo en Palestina?

Los judíos se hallaban sometidos al Imperio romano y eran gobernados por unas figuras títeres. El país había quedado dividido en dos partes desde el año 6 d.C.: Galilea, donde mandaba Herodes Antipas; y Judea, que era administrada por un procurador romano. Un pueblo sometido difícilmente se mantiene pacífico, al menos de puertas adentro.

Había diferentes sectas, como la de los saduceos, que al ser ricos terratenientes colaboraban con Roma. Muchos de sus miembros formaban parte de la de la aristocracia sacerdotal. Eran conservadores; y negaban toda doctrina que no tuviera confirmación en las Escrituras, entre las que destacaremos la resurrección de los muertos y las penas del infierno.

También hemos de señalar a los fariseos, los cuales aparecen "injustamente" reflejados en los evangelios, debido a que mostraron permanentemente su oposición a todo lo romano, aunque la mayoría de las veces lo hicieron de una forma pasiva. Pueden ser vistos como los más estrictos teólogos de la época, creían en la resurrección y en la inmortalidad; sin embargo, imponían como dogma la interpretación oral de la Ley de Moisés.

Mención aparte merecen los esenios, que han sido considerados por algunos historiadores como los inspiradores de las ideas que Jesús predicó. Hemos de tener en cuenta que los miembros de esta secta practicaban la pobreza, tenían una orientación mística y residían en el desierto "preparando el camino del Señor, por medio de una calzada para nuestro Dios". Vivían en grupos, sometidos a una severa disciplina muy singular, ya que debían preparar los tiempos finales en que se instauraría el reino de Dios bajo la autoridad del Mesías. Como se hallaban organizados en una especie de "ejército de salvación", se cuidaron de promover la vieja idea de la guerra santa.

Los esenios eran mandados por los "doce mejores" de sus miembros, tomando el número de las tribus del antiguo Israel. Su ceremonial religioso consistía en un "banquete comunitario", muy parecido a la última cena de Jesús con sus discípulos, debido a que "un sacerdote extendía la mano para invocar una bendición sirviéndose del pan y del vino, siempre en una mesa alargada donde estaban otros hermanos".

Los esenios siempre caminaban en parejas.

¿Aprendió Jesús de los esenios?

Los esenios se consideraban renovadores de la Alianza, por eso la vivían como una anticipación del reino que había de venir. Para ingresar en la secta se debía romper con todos los vínculos del pasado, hasta de los familiares, con el fin de dar comienzo a un proceso de formación. Todos los neófitos recibían el bautismo como signo de penitencia; sin embargo, a diferencia de los cristianos, esta ceremonia del agua se repetía a intervalos regulares, para eliminar de los cuerpos y de las mentes todos los pensamientos e intenciones malignos.

Cada uno de los esenios debía ser bueno, tanto en sus obras como en sus ideas. Los más ancianos se encargaban de someter a exámenes de conciencia a los jóvenes, a la vez que los ancianos pasaban por el mismo tratamiento con los hermanos de su misma edad. Los mayores castigos los recibían el ladrón, el mentiroso, el violento, el resentido y el vengativo. Cuando uno de los miembros de la secta era cogido en falta, se le reprendía en privado; si volvía a caer, la reprimenda se realizaba ante testigos; y si era reincidente, el castigo se aplicaba en público. La máxima de los jueces era ésta: "corrige con amor y humildad, porque nunca olvidarás que estás tratando con tu hermano".

Los esenios creían estar siguiendo un "Camino" y se consideraban la "sociedad de los muchos". Nadie era poseedor de bienes, ya que todo quedaba en la comunidad, luego practicaban la "santa pobreza". Podíamos exponer mucho más ejemplos, para demostrar que los evangelistas Mateo y Juan debieron tener muy en cuenta los textos esenios a la hora de redactar los suyos. La teología de esta secta puede resumirse de la siguiente manera, que hemos tomado de su "Manual de disciplina":

Del Dios del conocimiento viene la existencia de todo cuanto es y de todo cuanto será... Él creó al hombre para que dominase el mundo y le asignó dos espíritus con los que habría de caminar hasta el tiempo de su visitación. Son los espíritus de la verdad y de la perversión. Todos los hombres son hijos de la

luz bajo el gobierno del príncipe de las luces o hijos de las tinie-
blas y de la perversidad bajo el imperio del ángel de las tinie-
blas. La vida presente es el campo de batalla entre ambos espí-
ritus, y todos los espíritus al mando del ángel de las tinieblas, o
espíritu de perversión, trabajan para hacer caer a los hijos de
la luz. El lugar donde luchan los dos espíritus es el interior del
corazón del hombre... Porque Dios los ha igualado hasta el
tiempo del decreto de la creación de lo nuevo, para que el hom-
bre conozca el bien y el mal.

Esta clase de dualismo aparece en los escritos de San Pablo y en muchos pasajes del Nuevo Testamento. También se encuentra en las predicaciones de Juan el Bautista; sin embargo, en todos los mensajes de éste es donde más se advierte la influencia de los esenios. No tanto en el mensaje de Jesús, aunque una cierta influencia es bastante evidente.

Los zelotes

Los zelotes no son considerados una secta, a pesar de que estuvieran formados por gentes que habían pertenecido a los filisteos y a los esenios, además de a otros grupos humanos. Se tiene conocimiento que en el año 6 de nuestra era, en el mismo instante que Roma decidió controlar directamente Judea, un rabino de origen fariseo, llamado Judas de Galilea, creó una especie de movimiento revolucionario de carácter violento. En los tiempos de mayor actividad de Jesús ya estaban jugando un papel muy importante en Palestina.

Continuaron en activo después de la Crucifixión, hasta provocar una revuelta armada en el 66 d.C. La misma fue reprimida en cuatro años, y costó la vida a casi 20.000 judíos, además de justificar la devastación de Jerusalén y el saqueo del templo. Sin embargo, los últimos zelotes consiguieron refugiarse en la fortaleza montañosa de Masada, donde aguantaron casi tres años en compañía de otros compatriotas de diferentes sectas y grupos sociales.

Como no se apagaron los rescoldos del movimiento zelote, brotó otra revuelta en el 132 de nuestra era, que sería derrotada tres años más tarde. Entonces el emperador Adriano decretó la expulsión de todos los judíos de Judea, y que Jerusalén pasara a ser considerada una ciudad romana, a la que se dio el nombre de Aelia Capitolina.

Los dieciocho años de silencio

El pasaje evangélico de Jesús con los sabios en el templo, cuando sólo tenía doce años, nos deja claro que le preocupaban las cuestiones religiosas y sociales. A pesar de que se nos diga que quedó sometido a su familia, no podemos creer que lo hiciera en los dieciocho años siguientes. Dispuso del tiempo suficiente para recorrer todos los países de la zona, llegar a Egipto y hasta a la India. La abundante literatura existente sobre las "actividades secretas del joven Jesús", le sitúan entre las pirámides del Nilo, siendo capaz de dibujar en la arena el interior de las mismas, hasta con sus observatorios astronómicos, a pesar de que sólo podían entrar en las mismas los sacerdotes. Tampoco se permitía que los extranjeros contemplasen los planos de las pirámides.

También se le hace llegar al valle del Indo, informándose sobre sus religiones y prácticas médicas. Fida Hassnain en su libro "La otra historia de Jesús" cuenta que éste pudo entrar en contacto con la doctrina de Varadhamana Mahavira (599-527 a.C.), que predicaba la purificación del alma por medio de una vida ascética, la no violencia, la nobleza de actos y pensamientos y el respeto a la totalidad de los seres vivos, incluyendo la dieta vegetariana. Es posible que los *jain,* la secta de Mahavira, le rogasen que se quedara con ellos, pero decidió proseguir su camino hasta el templo de Jagannath de Puri, en Orissa.

En este lugar permanecería unos seis años, porque deseaba visitar varias ciudades santas de los hindues, en especial las situadas a orillas del Ganges. Así conoció la religión y costumbres de los Vedas. Más adelante, Jesús entró en contacto con los budistas del Nepal, donde fue acogido como un hermano más. Se informó a fondo sobre esta religión, por lo que no podemos dudar de que se embebió en los Sutras, los Vinayas y el Abhidharma, lo que le permitió adquirir el arte de la predicación, hasta el punto de ser comparado con el mismo Buda.

¿Hemos escrito algo fantasioso? Existen documentos que lo prueban, aunque sea discutible la autenticidad de los mismos. Sin embargo, los dieciocho años de silencio permiten aceptar estas teorías y muchas otras más atrevidas, como la que le ve en Egipto, donde volvió para encontrarse con los esenios. Los ancianos le recibieron con grandes muestras de júbilo y, luego, de escucharle unos minutos, debieron reconocer que era más sabio y prudente. Tampoco les sorprendió que pretendiese alcanzar unos objetivos más altos, aunque le llevaran a verse sometidos a duras pruebas.

Una de estas pruebas iba a concederle la inmortalidad y, sobre todo, la confirmación de su nombre: Jesús, como símbolo de la sinceridad, la filantropía y la fe. Cuarenta fueron los días que el futuro Salvador de la humanidad pasó en un monasterio, entregado a una profunda meditación.

Superado este tiempo, al haberse vencido a sí mismo, ya pudo hablar con la mayor naturalidad. Entonces se le entregó un pergamino, en el que se había escrito una sola palabra: Heroísmo. Con esto se le trasmitió la idea de que se vería sometido a los mayores suplicios, que iba a ser capaz de afrontar con una entereza superior a la del más valiente de los mortales, debido a que era el Cristo. Por este motivo los esenios de Egipto al verle nada más que repetían el mismo mensaje: "Amén". Ya se había convertido en un ser inmortal.

Lógicamente, lo que acabamos de exponer forma parte de las hipótesis, que en este caso se halla respaldada por Levi, uno de los grandes estudiosos de la "vida secreta de Jesús". Si la hemos incluido es para dar idea de lo que puede suceder cuando se mantiene en silencio una parte de la existencia de un personaje, acaso el más importante de todos los tiempos.

Otra cuestión que merece la pena destacar es que Jesús era oriental por nacimiento, vivió estos años de "formación" en un entorno muy distinto a Grecia y a Roma, las dos cunas del pensamiento occidental. Por este motivo hemos de verle con una perspectiva muy diferente a nuestras tradiciones.

Además, Jesús era un Hombre, nunca una "supermán" dotado de grandes poderes. Lo mismo que Jahvé había permitido que todo el universo, la Tierra y lo vivo evolucionase con mayor o menor lentitud, en lugar de crearlo como lo conocemos hoy día, dejó que su Hijo se formara por sí mismo. Y éste lo hizo de acuerdo con los conocimientos que existían en aquellas duras tierras.

Cuando este Hombre se pinchaba acusaba el dolor, se cansaba en las largas caminatas, sentía hambre dos o tres veces al día, necesitaba beber con la misma frecuencia que nosotros y se hallaba a merced de todas las debilidades de los seres humanos. Sólo su inteligencia, su capacidad de sufrimiento y la seguridad que le confería su destino le brindaban la voluntad suficiente para marchar por el camino más recto. Pero nadie duda de que se equivocó en distintos momentos de su existencia, aunque siempre procuró rectificar, excepto en la selección de sus discípulos y en otros momentos claves.

CAPÍTULO IV

JESÚS Y JUAN EL BAUTISTA

Las versiones de Mateo y Lucas

En el Evangelio de Mateo (capítulo 3, versículos del 1 al 12), se cuenta esta versión:

En aquel tiempo apareció Juan el Bautista, predicando en el desierto de Judea, y decía: "Arrepentíos, porque el reino de los cielos está cerca." Éste es de quien habló el profeta Isaías cuando dijo: "Voz de uno que clama en el desierto: Preparad el camino del Señor, enderezad sus sendas." Juan tenía un vestido de pelos de camello, y un cinto de piel alrededor de su cintura; su comida eran langostas y miel silvestre. Entonces salía hacia él Jerusalén y toda la Judea y toda la región del Jordán, y se hacían bautizar por él en el río Jordán, confesando sus pecados.

Mas viendo a muchos fariseos y saduceos venir a su bautismo, les dijo: "Raza de víboras, ¿quién os ha enseñado a huir de la cólera que viene?" Producid, pues, frutos propios del arrepentimiento. Y no creáis que podéis decir dentro de vosotros: "Tenemos por padre a Abrahán"; porque yo os digo: "Puede Dios de estas piedras hacer que nazcan hijos a Abrahán". Ya el hacha está puesta a la raíz de los árboles; y todo árbol que no produce buen fruto será cortado y arrojado al fuego. Yo, por mi parte, os bautizo con agua para el arrepentimiento; mas Aquel que viene después de mí es más poderoso que yo, y yo no soy digno de llevar sus sandalias. Él os bautizará con Espíritu Santo y fuego. La pala de aventar está en su mano y va a lim-

piar su era: reunirá el trigo en el granero, y la paja la quemará en el fuego que no se apaga."

En esta ocasión el Evangelio de Lucas puede considerarse un complemento del anterior. Luego de realizar algo que podríamos considerar un resumen de la actividad de Juan el Bautista, añade lo que sigue (capítulo 3, del versículo 10 al 20):

Preguntábanle las gentes: "¡Y bien! ¿Qué debemos hacer?". Les respondió y dijo: "Quien tiene dos túnicas, dé una a quien no tiene; y quien víveres, haga lo mismo." Vinieron también los publicanos a hacerse bautizar, y le dijeron: "Maestro, ¿qué debemos hacer?" Y les dijo: "No hagáis pagar nada por encima de vuestro arancel." A su vez unos soldados le preguntaron: " Y nosotros, ¿qué debemos hacer?" Les dijo: "No hagáis extorsión a nadie, no denunciéis falsamente a nadie, y contentaos con vuestra paga." Como el pueblo estuviese en expectación, y cada uno se preguntase, interiormente, a propósito de Juan, si no era él el Cristo. Juan respondió a todos diciendo: "Yo, por mi parte, os bautizo con agua. Pero viene Aquel que es más poderoso que yo, a quien yo no soy digno de desatar las correas de sus sandalias. Él os bautizará en Espíritu Santo y fuego. El aventador está en su mano para limpiar su era y recoger el trigo en su granero, pero la paja la quemará en el fuego que no se apaga."

Con éstas y otras muchas exhortaciones evangelizaba al pueblo. Pero Herodes, el tetrarca, a quien él había reprendido a causa de Herodías, la mujer de su hermano, y a causa de todas sus maldades, añadió a todas éstas la de poner a Juan en la cárcel.

¿Quién era realmente Juan el Bautista?

Poco se conoce de Juan el Bautista. Los únicos datos que disponemos es que fue hijo del sacerdote Zacarías y de Isabel, que lo concibió de una forma milagrosa. Como ésta era prima hermana de María, las dos se hacían confidencias. Por eso conocemos que a Zacarías se le apareció un ángel para anunciarle:

El bautismo que practicaba Juan.

-No sientas miedo ante mí, Zacarías, pues vengo a comunicarte que tus ruegos han sido escuchados. Tu esposa Isabel te dará un hijo, al que pondréis el nombre de Juan. Será para los dos causa de un gran gozo y de alegría, y muchos se felicitarán de su nacimiento, porque va ser muy grande ante los ojos del Señor. Jamás beberá vino ni licores, y se verá lleno del Espíritu Santo ya desde el vientre de su noble madre.

Se ha escrito que nada más nacer, Juan glorificó a Dios, lo que dejó a todos los presentes impresionados, porque nunca se había visto que un bebé pudiera hablar a los pocos minutos de salir del vientre de su madre. Este comportamiento recuerda las leyendas que rodean a los lamas reencarnados o "tulkus", los cuales son capaces de empezar a hablar, en ocasiones para predicar, desde su nacimiento.

Varias investigadores creen que Juan perteneció a la orden de los esenios de Jutha, lo mismo que Jesús, los cuales residían en las proximidades de la montaña de Masada. Junto a estas gentes místicas aprendió lo mejor de su doctrina. Por último vivió en el desierto, hasta que le llegó el momento de manifestarse ante los ojos y oídos de Israel.

Abriendo el camino de Jesús

Pronto comenzó Juan el Bautista a dar pruebas de que su misión primordial era abrir el camino de Jesús. Como podemos apreciar en el Evangelio de Juan (capítulo 1, versículos del 15 al 34):

Juan da testimonio de él, y clama: "De Éste dije yo: El que viene después de mí, se me ha adelantado porque Él existía antes que yo." Y de su plenitud hemos recibido todos, a saber, una gracia correspondiente a su gracia. Porque la Ley fue dada por Moisés, pero la gracia y la verdad han venido por Jesucristo. Nadie ha visto jamás a Dios; el Dios, Hijo único, que es en el seno del Padre, Ése le ha dado a conocer.

Y he aquí el testimonio de Juan, cuando los judíos enviaron a él, desde Jerusalén, sacerdotes y levitas para preguntarle: "¿Quién eres tú?" Él contestó y no negó; y confesó: "Yo no soy el Cristo." Le preguntaron: "¿Entonces qué? ¿Eres tú Elías?" Dijo: "No lo soy." "¿Eres el Profeta?" Respondió: "No." Le dijeron entonces: "¿Quién eres tú?, para que demos una respuesta a los que nos han enviado. ¿Qué dices de ti mismo?" Él dijo: "Yo soy la voz de uno que clama en el desierto. Enderezad el camino del Señor, como dijo el profeta Isaías." Había también enviados de entre los fariseos. Ellos le preguntaron: "¿Por qué, pues, bautizas, si no eres el Cristo, ni Elías, ni el Profeta?" Juan les respondió: "Yo, por mi parte, bautizo con agua; pero en medio de vosotros está uno que vosotros no conocéis, que viene después de mí, y al cual yo no soy digno de desatar la correa de su sandalia." Esto sucedió en Betania, al otro lado del Jordán, donde Juan bautizaba.

Al día siguiente vio a Jesús que venía hacia él, y dijo: "He aquí al cordero de Dios, que lleva el pecado del mundo. Éste es Aquel de quien yo dije: En pos de mí viene un varón que me ha tomado la delantera, porque Él existía antes que yo. Yo no lo conocía, mas yo vine a bautizar en agua, para que Él sea manifestado a Israel." Y Juan dio testimonio, diciendo: "He visto al Espíritu descender como paloma del cielo, y se posó sobre Él. Ahora bien, yo no lo conocía, pero Él que me envió a bautizar con agua, me había dicho: "Aquel sobre quien vieres descender el Espíritu y posarse sobre Él, Ése es el que bautiza en Espíritu Santo." Y bien: he visto, y testifico que Él es el Hijo de Dios."

Al día siguiente, Juan estaba otra vez allí como también dos de sus discípulos; y fijando su mirada sobre Jesús que pasaba, dijo: "He aquí el Cordero de Dios". Los dos discípulos, oyéndole hablar (así) siguieron a Jesús. Jesús, volviéndose y viendo que le seguían, les dijo: "¿Qué queréis?" Le dijeron: "Rabi -que se traduce: Maestro- ¿dónde moras?" Él les dijo: "Venid y veréis." Fueron entonces y vieron donde moraba, y se quedaron con Él ese día. Esto pasaba alrededor de la hora décima.

A pesar de que en el evangelio de Juan se encuentran las prueba mas claras de la función de Juan el Bautista como introductor de Jesús, llama la atención que sobre el bautismo de éste sólo realice una breve referencia. Pero no hay duda de que le considera el Hijo de Dios, "al que no conocía". Luego no pudieron encontrarse mientras se relacionaban con los esenios, si es que esto pudo ocurrir.

Conviene resaltar que el Evangelio de Juan es el más hermético de todos, donde los mensajes requieren una interpretación más serena. Se diría que fueron escritos para gentes más cultas.

El bautismo que Juan realizaba

"Bautizar" proviene del término griego *baptizo,* que significa "sumergir en el agua". El bautismo que Juan realizaba era una forma de limpiar de pecados a quienes deseaban entrar en un proceso de regeneración espiritual, para conseguirlo debían realizar una previa confesión. Pero no era una ceremonia muy común entre los judíos, a pesar de que se había comenzado a utilizar como una forma de limpiarse de las "impurezas del exilio o del contagio de las prácticas paganas". Quienes lo practicaban asiduamente eran los esenios del Qumran. Juan se encargó de darle un aire más solemne y definitivo, al convertirlo en la única vía de entrada a quienes esperaban la llegada del Mesías.

Isaac Asimov cree ver que Juan el Bautista eligió las aguas del Jordán al recordar los consejos que Elisio dio al leproso sirio Namán:

Ve a lavarte en el Jordán y quedarás puro.

En el pueblo de Israel el ritual sagrado de la iniciación, con el que sus hijos entraban en la vida religiosa, era la circuncisión. No obstante, los cristianos prefirieron el bautismo, al recordar los pasajes evangélicos. En el de Mateo (capítulo 3, versículos del 13 al 17) se cuenta:

Entonces Jesús fue de Galilea al Jordán a Juan para ser bautizado por él. Pero Juan quería impedírselo y le decía: "Yo tengo necesidad de ser bautizado por Ti y ¿Tú vienes a mí?"

Jesús le respondió y dijo: "Deja ahora; porque así conviene que nosotros cumplamos toda justicia." Entonces (Juan) le dejó. Bautizado Jesús, salió al punto del agua, y he aquí que se abrieron los cielos y vio al Espíritu de Dios, en figura de paloma, que descendía y venía sobre Él. Y una voz del cielo decía: "Este es mi Hijo, el Amado, en quien me complazco."

El bautismo de Jesús. (Dibujo de Rembrandt)

En el pasaje de Lucas (capítulo 3, del versículo 21 al 22) podemos leer:

Al bautizarse toda la gente, y habiendo sido bautizado Jesús, y estando Éste orando, se abrió el cielo, y el Espíritu

Santo descendió sobre Él, en figura corporal como una paloma, y una voz vino del cielo: "Tú eres mi Hijo, el Amado; en Ti me recreo."

En el Evangelio de Marcos el bautismo de Jesús resulta muy similar a los anteriores. Lo que sorprende es la brevedad de la referencia que ofrece Lucas, frente a Mateo que resulta más amplio y, sobre todo, se cuida de resaltar la condición de Juan el Bautista de precursor de Jesús, al cual tiene por un Ser muy superior.

El momento que se narra ha de considerarse muy importante, porque supone el preámbulo de tres años de gran actividad pública de Jesús, que culminarán con la Crucifixión y, días más tarde, con la Resurrección. Los historiadores no se ponen de acuerdo al indicar los años que podía contar Jesús: mientras unos consideran que debía haber llegado a los 29 o los 30, otros ya le ven con 33.

En el Evangelio de Juan (capítulo 4, del versículo 22 al 35) se ofrece un nuevo testimonio de Juan el Bautista:

Después de esto fue Jesús con sus discípulos al territorio de Judea y allí se quedó con ellos, y bautizaba. Por su parte, Juan bautizaba en Ainón, junto a Salim, donde había muchas aguas, y se le presentaban las gentes y se hacían bautizar; porque Juan no había sido todavía aprisionado. Y algunos discípulos de Juan tuvieron una discusión con un judío a propósito de la purificación. Y fueron a Juan, y le dijeron: "Rabí, Aquel que estaba contigo al otro lado del Jordán, de quien tú diste testimonio, mira que también bautiza, y todo el mundo va a Él." Juan le respondió: "No puede el hombre recibir nada, si no le fuere dado del cielo. Vosotros mismos me sois testigos de que yo he dicho: No soy yo el Mesías, sino que he sido enviado delante de Él. El que tiene la esposa, es el esposo. El amigo del esposo, que está a su lado y le oye, experimenta una gran alegría con la voz del esposo. Esta alegría, que es la mía, está, pues, cumplida. Es necesario que Él crezca y que yo disminuya. El que viene de lo alto, está por encima de todos. Quien viene de la tierra, es terrenal y habla de lo terrenal. Aquel que viene del cielo está por encima de todos. Lo que ha visto y oído, eso testifica, ¡y nadie admite su testimonio! Pero el que acepta su testimonio ha reconocido auténticamente que Dios es veraz. Aquel a quien Dios envió dice las palabras de Dios; por Él no da con medida el Espíritu. El Padre ama al Hijo y le ha entregado pleno poder. Quien cree al Hijo tiene vida eterna; quien no quiere creer al Hijo no verá la vida, sino que la cólera de Dios permanece sobre él".

Las palabras de Juan el Bautista adquieren un valor profético, luego es casi imposible que pudieran ser comprendidas por quienes le escuchaban. Era necesario escribirlas, para luego analizarlas reposadamente. Lucas las citó para que cumpliesen esta misión, sin importarle demasiado el hecho de que resultaran demasiado herméticas.

No obstante, las alusiones que Juan hace sobre que Jesús es Mesías no parece encajar con la versión ofrecida por Mateo, debido a que éste termina por demostrar que Juan el Bautista desconocía la verdadera misión de Jesús. Una contradicción que resulta bastante frecuente en los evangelios, pero que los teólogos resuelven con la frase: "los textos sagrados nunca se deben interpretar de una forma literal". La verdad es que no se puede evitar que cada uno de nosotros lo hagamos, sobre todo cuando queremos entenderlos de una forma individual.

Jesús adquirió conciencia de su destino

En efecto, Jesús ya estaba bautizando, pero no creemos que lo hiciese de una forma masiva, ni durante mucho tiempo. En esta tarea se había limitado a seguir los pasos de Juan el Bautista. Hasta que adquirió conciencia de su destino. Debía encargarse de predicar una doctrina revolucionaria, casi un compendio de otras muchas que ya se conocían en Oriente, con la excepcionalidad de que iba a servirse del ejemplo más directo. Todo esto se hallaba implícito en las palabras de su Padre: *"Tú eres mi Hijo, el Amado; en Ti me recreo."*

"Recreo" significaba asumir el papel divino dentro de un cuerpo de hombre. Jesús sintió el peso de la responsabilidad; y dudó. No creía hallarse preparado. Por eso lo dejó todo y se refugio en el desierto. Necesitaba meditar y comprobar sus fuerzas.

CAPÍTULO V

DESPUÉS DE SER TENTADO

La soledad más absoluta

Jesús nunca había estado solo. Desde que vino al mundo, en aquella caverna-establo, no dejó de verse acompañado. En las escasas ocasiones que buscó el aislamiento fue para analizar lo que acababa de conocer o escuchar. Y después de ser bautizado por Juan se enfrentó a las dos situaciones, pero en un escenario hostil donde las temperaturas de la noche y el día presentaban diferencias de más de treinta grados. Nos estamos refiriendo al desierto, donde "fue impulsado por el Espíritu Santo" (según cuenta el evangelio de san Marcos).

Allí escaseaba el agua y el alimento sólo podían ser unos frutos silvestres o las hojas de algunas plantas. Se cree que permaneció cuarenta días en un monte escarpado, el Yebel Qarantal, que era uno de los lugares más desapacibles del desierto de Judea.

Es posible que adoptase la postura del asceta budista, con lo que llegó a tal grado de concentración mental que no necesitó comer ni beber durante varios días. También mantuvo su mente a un bajo nivel cerebral, sin perder la conciencia. Mientras tanto, las alimañas que pasaban a su lado, las moscas que zumbaban a su alrededor, el calor y el frío le estaban permitiendo comprender que Dios lo había creado todo, hasta lo más insignificante, con la intención de que cumpliese una función lógica.

El tiempo parecía haberse detenido, sin otros sonidos que los producidos por el deslizamiento de los irracionales y el

55

crugido de las piedras o la tierra reseca al ser castigadas por el
sol. Unas condiciones no demasiado idóneas para que Jesús
reflexionara sobre su destino. No adivinaba el desenlace de todo
aquello; sin embargo, un frío sudor le permitió intuirlo.

Más adelante, acaso al final de la quinta semana, mientras masticaba despacio unas hojas junto a un pozo, que acababa de abrir con sus manos, en cuyo fondo brotaba el agua de un
manantial subterráneo, se sintió fuerte y pudo analizar las palabras que Juan le había dedicado en las orillas del Jordán:

...*Éste es Aquel de quien yo dije: En pos de mí viene un*
varón que me ha tomado la delantera, porque Él existía antes
que yo. Yo no lo conocía, mas yo vine a bautizar en agua, para
que Él sea manifestado a Israel.

Debía "manifestarse" ante el pueblo, abandonar a los
suyos, dejar a un lado su vida anterior y realizar una vida muy
distinta a la del Bautista. Tampoco podría hacer suyo el mensaje apocalíptico de éste, tan cargado de amenazas. Le correspondía transmitir la bondad, el amor, aupar el ánimo de las gentes.
Porque a través de la gracia, jamás del miedo, los hombres y las
mujeres podrían ser convertidos.

"¿Es cierto que yo soy el Elegido?"

Lentamente Jesús fue adquiriendo la idea de su condición de Hombre que debía ser un ejemplo para los seres humanos. Su cabeza se llenó de imágenes, palabras y hechos que
jamás había visto ni oído hasta aquellos momentos, proyecciones del futuro más próximo. No se sintió atemorizado, a pesar
de que en algunas viera a sus enemigos.

De pronto, una pregunta se impuso a todas las evoca-
ciones: "¿Es cierto que yo soy el Elegido?" Todo le invitaba a
contestar con una afirmación; sin embargo, un rescoldo de
modestia le impidió admitirlo. Hasta que una voz no surgida de
él mismo, acaso de alguien que se ocultaba tras las rocas que se
hallaban delante, le propuso:

-Deja a un lado la inmodestia. Tú eres tan poderoso que te resultaría muy sencillo convertir las piedras que te rodean en pan con el que saciar el hambre que roe tu estómago.

La cabeza de Jesús adquirió firmeza en su posición, su boca se llenó de saliva y su voz brotó nítida:

-¡No sólo de pan sobrevive el hombre, pues le basta con la palabra de Dios!

Jesús rezando en el desierto. (Dibujo de Rembrandt)

Los dardos verbales se los acababa de disparar a satanás, al enemigo siempre acechante. En otros momentos le había sentido cerca, pero jamás se había atrevido a desafiarle con tanto descaro.

Tentando a quien desconocía la codicia

Repentinamente, Jesús se vio desplazado a la cúpula del templo de Jerusalén. Bajo sus pies las otras edificaciones parecían miniaturas, a la vez que el suelo quedaba muy distante. Amago de vértigo, ocasión para que el enemigo volviera con sus tentaciones:

-Si eres el hijo de Dios, puedes dejarte caer, pues ha quedado escrito esto: "A sus ángeles enviará para protegerte; y ellos te recogerán con sus manos para que no tropieces ni te golpees con ninguna piedra."

La invitación se vio acompañada por unos tejados que se habían vuelto de oro y por unas calles donde las gentes exigían el espectáculo: la mejor forma de recibir a quien iba a establecer contacto directo con ellas. Pero Jesús no conocía la vanidad, de ahí que su respuesta surgiera contundente:

-También se ha escrito: ¡Jamás te has de atrever a tentar al Señor tu Dios!

Se estaba librando un combate entre el Bien y el Mal. Jesús debía sentirse muy débil después de cuarenta días de ayuno, por eso satanás seguía creyendo que podía doblegarle. Sólo era cuestión de insistir, de rodear al solitario con un espejismo más seductor.

Seguía creyendo que la magia sería su mejor arma. Sólo debía recurrir a una tentación irresistible, como la de transportar a Jesús hasta la cima de una montaña, a cuyos pies se extendían todos los reinos del mundo. Amalgama de riquezas, de brillos y de colores subyugantes. El mejor apoyo a unas palabras invitadoras:

-¡Todo lo que estás viendo será tuyo si te postras ante mí y me adoras!

La replica de Jesús fue instantánea, tan violenta como el pie que aplasta la cabeza de una víbora:

-¡Aléjate de mí, satanás, ya que está escrito: al Señor tu Dios adorarás y a Él sólo servirás!

58

Y el enemigo huyó de allí, vencido y dejando el hueco de su voz. Quien desconocía la codicia se quedó mirando al gran desierto, grato escenario a pesar de su aspecto desolador, y decidió abandonarlo. Ya sabía lo que le esperaba, estaba convencido de poder afrontarlo. No le cabía la menor duda de que era el Elegido.

Juan el Bautista había sido apresado

A Jesús el hecho de haber asumido su destino no le había librado del todo de la inseguridad. Le quedaban algunas dudas por despejar. A las pocas horas de camino, después de haberse aseado y comido unas bayas y unos pámpanos se aproximó al río Jordán. Le animaba el deseo de hablar con Juan, quizá para convencerle de que no fuese tan agresivo en sus diatribas contra los fariseos y los gobernantes.

Estas intenciones le desaparecieron al descubrir una gran multitud en la orilla derecha. Pronto pudo ver que sus componentes se movían de una forma nerviosa y, a los pocos minutos, le llegaron unas voces airadas. Casi al mismo instante descubrió a un grupo de soldados al otro lado del conjunto humano: unos amenazando con espadas cortas y otros con lanzas. Esto le inquietó en gran medida.

-¿Qué ha sucedido? -preguntó al que parecía menos alterado.

-¿Dónde has estado metido, forastero, que desconoces la tragedia ocurrida esta mañana? -gritó su asombro aquel hombre, cuya indumentaria revelaba su profesión de zapatero-. ¡Herodes Antipas ha mandado encarcelar a Juan el Bautista! ¡Ya deben estarle metiendo en una mazmorra de la que nadie ha conseguido escapar!

La noticia fue como una bofetada. Jesús la recibió en silencio, sin contener un escalofrío. Quieto y mirando a su interlocutor, que se alejaba maldiciendo, se dijo que aquellos no eran tiempos en los que prosperasen las predicaciones violentas. Lamentaba el daño que pudiera estar sufriendo Juan, y entendía que su carácter justiciero le hubiese llevado a insultar a los poderosos. Otros profetas lo habían hecho antes, sin importarles las consecuencias por sanguinarias que fuesen.

Los primeros discípulos

Cuando Jesús se disponía a alejarse del Jordán, llegaron a su lado Andrés y Juan, dos de los seguidores del Bautista que meses antes prefirieron marchar detrás de quien había sido llamado el Mesías. Se mostraron muy contentos al verle, porque los cuarenta días sin estar a su lado les había llevado a suponer que ya no volverían a tenerle cerca.

Sólo necesitaron oírle unas pocas frases para llenarse de entusiasmo, porque su forma de hablar era diáfana, esperanzadora y no necesitaba ningún tipo de interpretación. Por este motivo Andrés fue en busca de su hermano Pedro, al que le dijo:

-He encontrado a un Maestro digno de ser seguido, porque lo que cuenta es tan claro y puro como el agua.

Juan también corrió a donde se hallaba su hermano Santiago. Así fueron llegando diferentes hombres al lado de Jesús. Y éste mismo se encargó de ir a Betsaida en busca de a Felipe, debido a que le consideraba demasiado tímido. Sólo necesitó invitarle con un "vas a ser mi seguidor" para concederle la decisión suficiente que le permitió abandonarlo todo.

A los pocos días, Felipe se sintió tan seguro de su nueva situación que llamó al pastor Natanael, para decirle con firmeza lo siguiente:

-Vamos al lado del Mesías que anunciaron los profetas. Se llama Jesús y es hijo de José de Nazaret.

-¿Es posible que de Nazaret puede haber salido algo bueno? -preguntó Natanael recordando la injusta fama de aquella aldea.

-Ven conmigo y podrás comprobar la nobleza del Maestro.

Pero el pastor no terminó de convencerse, a pesar de lo cual llegó al lado de Jesús. Y fue recibido con este saludo:

-He aquí un israelita desconfiado, que busca el engaño donde sólo hay verdad.

60

-¿Acaso me conoces? -preguntó Natanael muy sorprendido.

-Te vi hace unas horas debajo de una higuera con tus ovejas. Por la forma de sostener el cayado supe que eras de Israel y que esperabas que alguien te guiase.

-¡Maestro, ahora sé que eres el Hijo de Dios que nos anunció Juan el Bautista!

Jesús en las bodas de Caná.

-Has creído en mí porque no olvidé que te había visto debajo de una higuera -dijo Jesús con esa voz que sólo admitía la sinceridad y el convencimiento-. Muchas cosas superiores te aguardan. -Seguidamente, miró a sus primeros discípulos y añadió-: Venid conmigo y no dejaréis de aprender que el mundo puede ser feliz si todos nos lo proponemos.

61

Poco más tarde, Jesús y sus primeros discípulos dejaron el valle del Jordán para viajar hasta Galilea.

Las bodas de Caná

Cuando el grupo entró en Caná se vieron atraídos por una música jubilosa, el bullicio de las gentes y el colorido de las ropas de fiesta. No tardaron en verse rodeados por los bailarines, algunos de ellos tan aturdidos que parecían ebrios.

Jesús reconoció a algunos de sus primos y a varias de sus primas, lo que le permitió comprender que él no pudo ser invitado a aquella boda al haber dejado su casa porque necesitaba encontrar su destino. Por otra parte, en el momento que aquellos bailarines le tuvieron cerca, se cuidaron de preguntarle cómo se sentía después del bautizo en el Jordán, cuanto tiempo había pasado en el desierto y quiénes eran los hombres que le acompañaban.

Jesús prefirió no responder, ya que le importaba más llegar al lado de su madre, a la que acababa de descubrir en el fondo de un jardín. Se acercó, la besó en la frente y estrechó las manos que le buscaban. María se había sentido muy sola en las últimas semanas. Era una madre como cualquier otra, a pesar de saber que había engendrado al Hijo de Dios. Es cierto que en los veintinueve años que habían compartido el hogar, debió resignarse a verle partir solo muchas veces, en ocasiones para volver a los ocho meses o mucho más tarde. Sin embargo, un doloroso presentimiento le decía que se hallaba ante el "no retorno".

Acaso para limpiar su mente de amargas ideas, María formó una sonrisa y miró a su hijo, cuyas manos seguían apretando las suyas con ese calor que tanto le reconfortaba. Mientras éste sabía que iba a escuchar la petición que ella le comenzaba a formular con los ojos para, en seguida, hacerla brotar de sus labios:

-A los dueños de la casa se les ha terminado el vino.

María debía saber que su hijo no había roto los lazos familiares para estas cuestiones menores; sin embargo, en su ánimo pudo más el espíritu doméstico, porque la fiesta nupcial concluiría a media tarde al faltar el vino. Todo un fracaso para los anfitriones, ya que lo obligado era que los invitados no se marcharan hasta el día siguiente. Debía encontrarse la forma de retenerlos.

-Mujer, ¿qué hay de común entre tus intereses y los míos? -preguntó Jesús, sirviéndose de un reproche casi similar al que profirió en el templo cuando, siendo un niño, sus padres se quejaron al creer que se había perdido. Después añadió-: Debías saber que mi tiempo aún no ha llegado.

Las lágrimas aparecieron en los ojos femeninos, provocadas por el error. Nunca más volvería María a inmiscuirse en las actividades de su hijo. Y a punto estuvo de pedirle perdón. Algo que evitó Jesús ordenando a los servidores que trajeran ante él las seis grandes tinajas vacías. Cuando las tuvo cerca, recomendó que fueran llenadas de agua. Una vez que lo hicieron se limitó a decir:

-Sacad una jarra del contenido de una de las tinajas centrales y llevársela al "maestresala" (mayordomo) para que pruebe el líquido.

En el momento que el "maestresala" tomó un sorbo de aquel "agua", quedó tan atónito que corrió en busca del novio. Casi gritaba al mostrar su disgusto:

-¿Cómo me has ocultado que reservabas el mejor vino para el final de la fiesta? Debías saber que éste es el indicado para el comienzo, debido a que el paladar de los invitados se muestra más exigente. Después se sirve el peor.

-¿Pero... qué estás diciendo...? -balbució el novio, sin dejar de mirar a Jesús.

En seguida se pudo comprobar que las seis grandes tinajas en lugar de estar llenas de agua lo que contenían era un vino insuperable, el más delicioso que se había bebido en Caná. María, los discípulos y los familiares de Jesús supieron que aquello había sido un milagro.

No obstante, fueron más los que consideraron el prodigio como un acto de magia, otra de las exhibiciones que habían realizado las taumaturgos que de vez en cuando aparecían por allí o ésos cuyas hazañas eran contadas por todo Israel. Una nación amiga de los hechos asombrosos, muchos de los cuales eran verdaderos trucos o engaños colectivos.

Ahora sabemos que Jesús realizó un verdadero milagro. En realidad, él conocía a sus compatriotas mejor que nadie, y se hallaba dispuesto a enfrentarse a la incomprensión y a los insultos. Porque lo que se proponía sería visto como una revolución, especialmente por sus enemigos.

En Cafernaum las gentes oyeron el Mensaje

Jesús y sus discípulos llegaron a Cafernaum porque muchos de éstos vivían allí. Resultaría más sencillo instruirlos en la nueva doctrina sin tener que abandonar sus casas y sus ocupaciones habituales. También se eligió esta ciudad al ser una de las más grandes de la región, lugar de paso para las caravanas que se dirigían a Damasco después de recoger las mercancías en los puertos del mar de Galilea. Punto de reunión de sabios, escribas y mercaderes, la mayoría de los cuales acudían a las sinagogas.

Por aquellos tiempos existía la costumbre de que los forasteros leyeran en voz alta algunos pasajes del libro sagrado y, después, los comentaran. En el instante que lo hizo Jesús, los centenares de hombres que se hallaban en el templo se olvidaron hasta de sus propios pensamientos... ¡Habían quedado subyugados!

Escuchándole perdieron la noción del tiempo, porque la lectura y el comentario no podían ser más claros y convincentes por lo fácil que resultaba entenderlos. No se necesitaba conocer los textos sagrados, estar al tanto de la terminología de los rabinos o del verbo enrevesado de los fariseos. Las palabras eran las exactas, ademas se acompañaban de unas parábolas muy humanas, comunes a cada uno de ellos y cuyo mensaje emocionaba al tomar contacto directo con el corazón. Además les previno con este anuncio:

-¡El tiempo ha llegado a su final, pronto el reino de los cielos se encontrará entre vosotros! ¡Comenzad a arrepentiros, porque necesitáis estar dispuestos para creer en la buena nueva!

Jesús hablando en el templo.

Entonces los presentes se formularon unas preguntas lógicas: ¿Quién es este hombre que se expresa con una voz tan dulce? ¿Dónde ha aprendido un lenguaje emotivo y sincero? ¿Cómo puede ser un sabio si lleva ropas muy distintas a las de un maestro?

65

En efecto, Jesús no se cubría con el manto de cuatro flecos que la ley imponía a quienes practicaban la enseñanza. De pronto, alguien corrió la voz de que le había visto en las orillas del Jordán, lo que nadie creyó debido a que los seguidores de Juan jamás se alejaban de las orillas del río, tampoco les había pedido que se bautizaran.

Los pescadores y campesinos fueron los primeros que desearon seguir a Jesús, debido a que le habían oído comparar el reino de los cielos con una red que recogía peces buenos y malos. También ofreció la imagen de un gran terreno de cultivo, donde se esparce la semilla en el surco para que arraigue o en el borde del camino, lo que la dejará a merced de la cizaña o de las aves.

Nadie había puestos unos ejemplos tan prácticos, por eso quienes los escuchaban se dieron con el codo, a la vez que sonreían sintiéndose unidos al orador. Más adelante, cuando le oyeron hablar por las calles, a nadie extrañó que las mujeres dejaran las faenas de la casa cuando comparaba a los pecadores con una túnica vieja a la que es imposible echarle un remiendo y a unos odres estropeados en los que nunca se debe echar el vino nuevo. También entendían perfectamente la parábola del ama de casa que removía todo su hogar en busca del denario perdido o la de una viuda que era injustamente tratada por los jueces.

CAPÍTULO VI

EN EL CORAZÓN DE UNA SOCIEDAD QUE NECESITABA CREER

Un azote contra los mercaderes

Jesús acababa de cumplir los treinta años cuando se dispuso a celebrar la Pascua en el templo de Jerusalén. Nada más pisar los primeros escalones de la gran escalera, los discípulos pudieron asistir anonadados a un súbito cambio en la actitud del Maestro: su rostro se había endurecido, todo su cuerpo parecía una ballesta a punto de ser disparada y sus manos estaban convirtiendo unas cuerdas de las que se utilizaban para atar a los animales en un severo azote.

Porque ante él se encontraban los mercaderes realizando sus negocios sin ahorrarse los gritos, los insultos a quienes se negaban a pagar los altos precios y voceando sus mercancías. Además se estaban realizando sacrificios de animales, con lo que las bestias atronaban el lugar al ser maltratadas por quienes las sujetaban y, después, brotaba su sangre manchándolo todo. Una repugnante parafernalia que se venía repitiendo desde hacía unos cuarenta años, con tanta desidia por parte de los sacerdotes que el comercio se realizaba en las zonas más sagradas del templo.

Por este motivo Jesús actuó como un vendaval, tan violento que los centenares de vendedores y compradores, ya fuesen hombres o mujeres, debieron escapar de allí para no terminar como los tenderetes, las mesas, las jaulas y las sillas, así como todo lo demás, que estaban siendo volcados estrepitosamente. Ni siquiera se entretuvieron en recoger las monedas. Mientras tanto, escuchaban estos gritos:

-¡No consiento que se haya convertido la casa de mi Padre en un mercado!

Algunos de los presentes recordaron la profecía acerca del Hijo de Dios: "El celo por la limpieza de tu casa me consumirá." Y cuando vieron a Jesús más tranquilo, le preguntaron:

-¿Qué derecho te asiste para comportarte de tal manera?

-El de poder construir en tres días este templo, en el caso de que ahora quisierais derribarlo.

Quienes le acababan de oír supusieron que se refería al edificio material. De ahí que siguieran mostrándose incrédulos:

-¿Es necesario que te digamos que para levantar este templo se necesitaron cuarenta y seis años? ¿Cómo lo lograrías tú en tan corto espacio de tiempo?

Sólo los discípulos comprenderían, poco más tarde, que su Maestro se refería al templo que cada uno de los creyentes lleva en su cuerpo.

El ataque verbal del endemoniado

Durante las semanas siguientes, Jesús continuó sus predicaciones, sin dejar de enfrentarse a momentos insólitos. Como la mañana que se encontraba hablando a la multitud reunida en una plaza, cuando uno de los asistentes se desplomó en tierra, presa de terribles convulsiones. Sus labios se cubrieron de espumarajos y su garganta exclamó:

-¡Calla! ¿Por qué vienes a romper nuestra tranquilidad, Jesús de Nazaret? ¿Acaso te propones acabar con nosotros? ¡Yo estoy convencido de que eres el santo de Dios!

El aludido comprendió que sus enemigos habían traído a aquel infeliz, un endemoniado que acababa de repetir lo que otros le obligaron a aprender. Un arma bastante eficaz con los hombres, como demostraba el silencio de la gente. Algunos le miraron con desconfianza, cuando antes le oían llenos de admiración, en el momento que se abrió paso entre ellos con gran decisión.

Jesús se arrodilló junto al caído, le incorporó cogiéndole por los hombros y le miró fijamente. Acto seguido, ordenó con una voz que provocó ecos en las paredes cercanas:

Jesús expulsando del templo a los mercaderes.

—¡Ya no volverás a calumniarme, demonio, porque te ordenó que salgas de este infeliz!

El endemoniado se retorció al sentirse herido por el combate que estaba librando el engendró al verse obligado a escapar del interior de su presa. Poco más tarde, se le pudo ver más tranquilo, hasta que consiguió incorporarse, pálido y agotado, dando muestras de que ya estaba curado. Aunque no recordase nada de lo que acababa de sucederle.

De nuevo algunos de los presentes se dijeron que habían asistido a la exhibición de un mago que, como antiguamente hicieron los profetas, era capaz de ahuyentar a los demonios. Sin embargo, fueron más los que consideraron lo sucedido como un nuevo milagro, digno de ser divulgado por toda Palestina.

Una imagen del mundo de los pobres

Entre los espectadores de la cura del endemoniado se encontraba Nicodemo, uno de los rabinos que componían el Sanedrín, que era el tribunal supremo judío. Un hombre tan sabio como para tener la certeza de que no había asistido a ningún número de magia. En seguida se propuso entrevistarse con Jesús.

Pero no quiso hacerlo abiertamente, por temor a perder su cargo. Conocía lo sucedido con Juan el Bautista, que por aquellas fechas continuaba en las mazmorras del palacio de Herodes Antipas. Nos dará una idea muy clara de la actitud de este personaje y, además, del ambiente en el que vivía Jesús si leemos el texto de Jan Dobraczynski, un novelista polaco que se atrevió a contar la historia del Nazareno a través de la voz de Nicodemo:

Era de noche cuando salí de casa. Iba envuelto en una simlah *negra. La redonda luna llena concedía a la ciudad una luz tenue. De vez en cuando todo se quedaba a oscuras por culpa de las nubes, pero el apagón resultaba muy breve al ser el viento bastante fuerte. Iba acompañado por dos de mis más aguerridos servidores. Descendimos por las escaleras y nos adentramos en las negras honduras de la ciudad baja. Por encima de nuestras cabezas se extendían las arcadas del acueducto. Dejando atrás la elegante zona de los palacios llegamos, como a un precipicio, al tétrico hormiguero de las viviendas de las barracas de barro. Jamás pude suponer que en la misma Jerusalén, tan cerca del templo, existiera un barrizal como aquel, donde el agua y la tierra se combinaban con las inmundicias. Judas marchaba delante, abriéndonos camino con agilidad y rapidez sobre los escombros. Supuse que conocía el lugar como la palma de su mano. En la semipenumbra los míseros edificios parecían amontonarse unos sobre otros, igual que unos desesperados intentando escalar sobre una montaña de cadáveres. Mi intranquilidad iba en aumento según nos adentrábamos en semejante laberinto, del que creo que jamás hubiese podido salir por mis propios medios.*

Esta imagen nos permite conocer uno de los ambientes en los que se movía Jesús. La iconografía de los evangelios, es decir las ilustraciones o fotogramas con los que son representados, nos pinta a todos los personajes limpios, en ambientes casi idílicos y donde hasta los malos visten con corrección. Todo esto es falso. Los pobres vivían en casas miserables, iban sucios y remendados, no disponían de cloacas y nadie se preocupaba de limpiar las calles, excepto aquellas por las que se movían las gentes poderosas. La mala nutrición de apreciaba en los centenares de personas decrépitas y enfermas, en los pobres y en las grandes desigualdades sociales. También olían mal, lo que supone una cuestión menor porque esto era algo a lo que todos se habían acostumbrado.

Es importante que retengamos lo anterior, porque así nos costará menos comprender la razón por la que Jesús movilizó a todos los pobres de Israel. Nadie hasta entonces les había hablado directamente, para decirles "que ellos se encontraban más cerca del reino de Dios que los ricos" o "que para el Señor todos los hombres eran iguales, aunque siempre muestra una mayor preferencia por los humildes".

Cómo se ganó a uno de sus mejores aliados

Siguiendo con Nicodemo, sabemos que al fin pudo encontrarse con Jesús. La entrevista fue del todo clandestina; y dio comienzo con estas palabras:

-Nadie puede hacer los milagros que a ti se te atribuyen sin la ayuda de Dios.

-En verdad te digo -contestó Jesús-, que sólo quien no proviene de arriba jamás podrá entrar en el reino de los cielos.

Estas palabras fueron intencionadamente herméticas, pero el miembro del Sanedrín las comprendió. Lo apreciamos en sus preguntas:

-¿Cómo el hombre puede volver a nacer siendo viejo? ¿Acaso necesitaría regresar al vientre de su madre?

-Lo que ha nacido de la carne, nunca dejará de ser carne; mientras que lo nacido del Espíritu, siempre será Espíritu. No debería sorprenderte que yo te haya dicho que es necesario provenir de arriba. -Jesús hizo una pausa, levantó la mano derecha y prosiguió-: ¿Oyes el viento? Seguro que escuchas su voz; sin embargo, ahora te resulta imposible averiguar la dirección que sigue. Porque el viento sopla en unas direcciones caprichosas. Lo mismo ocurre con todo lo que ha nacido del Espíritu.

En esta ocasión Nicodemo se sintió desconcertado. El juego de palabras lo consideró difícil de resolver, por este motivo volvió a inquirir:

-¿Cómo se hacen esas cosas?

-¿Es posible que tú, un maestro de Israel, no lo comprendas? En verdad, en verdad te digo: todos nosotros acostumbramos a hablar de lo que conocemos y damos testimonio de aquello que hemos contemplado. La diferencia es que vosotros no atendéis a mi testimonio. Si no creéis cuando os he dicho las cosas que ocurren en la tierra, ¿cómo vais a creerme al hablaros de las que sucede en el cielo? Ten la seguridad de que nadie ha subido al cielo, excepto aquel que ha bajado del cielo, el Hijo del hombre. Él se encuentra en el cielo.

Entonces Nicodemo creyó en Jesús, porque estaba entendiendo sus palabras: se le invitaba a regenerarse, a transformar todos sus conceptos morales. Pero se le reservaban muchas más sorpresas:

-Además, lo mismo que Moisés levantó la serpiente en el desierto, es preciso que el Hijo del hombre sea levantado para que cualquiera que tenga fe posea la vida eterna.

Aquel importante miembro del Sanedrín salió de la casa convertido en el mejor aliado de Jesús. Sin embargo, no cambió de vida. Continuó ocupando el mismo puesto. Ahora sabemos que gracias a su intervención el hijo de María no murió unos años antes. También Nicodemo se enfrentó a los jueces para salvar el cuerpo del crucificado.

Este comportamiento le permitiría ser uno de los principales miembros de la comunidad cristiana. Se le atribuye un evangelio apócrifo, que debió ser empleado por Gregorio de Tours, y la introducción del mito del Santo Grial.

La multiplicación de los panes

Jesús era seguido por una gran multitud mientras se encontraba en Jerusalén. Aquellos eran tiempos de peregrinaciones, lo que traía a millares de personas a la ciudad que todos los judíos consideraban santa. Puede decirse que la mayoría empezaba a mostrar una excesiva preferencia, a juicio de los sacerdotes, por seguir al Nazareno.

Y no dejaron de acompañarle a pesar de que éste se retiró a un monte. Dado que llevaban mucho tiempo a su lado, algunos de los discípulos recordaron que había llegado la hora de la comida y seguramente aquella gente sentiría hambre. Lo aconsejable era despedirlos a todos, con el fin de que fueran en busca del alimento. Una idea que Jesús no compartió, pues se hallaba en condiciones de resolver el problema:

-Encargaros de darle vosotros de comer.

-Pero si sólo tenemos cinco panes y dos peces -dijo uno de los discípulos-. Aquí debe haber más de cinco mil personas, entre hombres, mujeres y niños.

-Procurad separarlos en grupos de cincuenta -pidió el Maestro-. Yo me encargaré de lo demás.

Entonces tomó los cinco panes y los dos peces, elevó los ojos al cielo, los bendijo y se los entregó a sus discípulos para que los fueran repartiendo entre la muchedumbre. Y hubo comida suficiente; además, se recogieron doce canastos de sobras.

Este milagro convirtió a Jesús en uno de los "magos" más famosos de Jerusalén. Eran pocos los que le veían como el Mesías o el Hijo de Dios. Y mucho menos se pudo entender que acababa de instituirse el misterio de la Eucaristía.

Caminando sobre las aguas

Al día siguiente, Jesús aconsejó a sus discípulos que se embarcaran para esperarle al otro lado del lago. Su propósito era despedirse de la numerosa gente que le seguía esperando. Con las palabras más hermosas cumplió este requisito de fraternidad y, luego, subió por la ladera del monte para rezar en la cima. Ya se encontraba solo.

Allí le cogió la noche, hasta que una fuerte tormenta consiguió arrancarle de su ensimismamiento, o acaso lo hiciera la certeza de que algo peligroso estaba sucediendo. En efecto, en medio del lago la embarcación en la que iban sus discípulos estaba a punto de hundirse bajo los efectos de un gran oleaje. El fuerte viento había destrozado las velas y abatido los palos, lo que casi anticipaba que todos los tripulantes iban a morir ahogados.

Eran las tres de la madrugada cuando los elementos se calmaron, aunque las nubes siguieron entoldando el cielo. Una densa negrura rodeaba el barco destrozado, en el que sus ocupantes no podían explicarse cómo seguían vivos. De repente, uno de ellos vio llegar una figura. Pertenecía a un hombre alto, que fue considerado un fantasma.

-Espantad los miedos -dijo Jesús, que era quien se acercaba caminando sobre las aguas-. Soy yo.

-Señor, si eres tú, mándame ir junto a ti -pidió Pedro.

-Ya puedes venir a mi lado.

El apóstol saltó de la barca; sin embargo, inesperadamente, se vio sacudido por una ráfaga de viento, con lo que sintió miedo. Esto originó que empezara a hundirse. Muy asustado gritó:

-¡Señor, sálvame!

Las manos de Jesús llegaron en su ayuda, a la vez que se le reprendía amigablemente:

-Hombre de poca fe, ¿por qué has vacilado?

Jesús salvando a Pedro mientras camina sobre las aguas.

En el momento que subieron a la barca se tranquilizó el viento. Todos los tripulantes se arrodillaron para adorar a su Maestro, a la vez que exclamaban:

-¡Verdaderamente eres tú el Hijo de Dios!

Luego siguieron navegando hasta llegar a Genesaret, donde acudieron muchas personas atraídas por la fama de Jesús. Venían con sus familiares enfermos; y ninguno dejó de ser curado. Algunos sólo necesitaron tocar las ropas del Nazareno para conseguirlo.

El encuentro con la samaritana

Jesús y sus discípulos volvieron a Galilea. Mientras recorrían las tierras de Samaria se sintieron muy agotados y debieron concederse un descanso. Se encontraban cerca de un pozo artesano, no muy lejos de la ciudad de Sicas. Todos sabían que aquel pozo había sido cavado, muchos siglos antes, por el mismo Jacob.

Pocos minutos más tarde, cuando sus discípulos habían marchado a comprar provisiones, Jesús se aproximó a una samaritana que estaba sacando un cubo de agua y le pidió:

-Necesito que me des de beber.

La mujer se quedó mirándole, desconcertada, porque nadie le había hablado con tanta naturalidad desde hacía mucho tiempo. Ella había tenido cinco maridos y, además, vivía en concubinato, además pertenecía a un pueblo inferior. Por esta causa preguntó:

-¿Como es que tú, que eres judío, me pides ayuda a mí, que soy una pecadora samaritana?

-Si conocieras el don de Dios y quién es el que te pide de beber, tú le pedirías a él que te diese agua viva -respondió Jesús con una sonrisa.

-Señor, no tienes con qué sacar agua y el pozo es hondo. ¿Dónde consigues ese agua viva? ¿Acaso eres tú más grande que nuestro padre Jacob que nos dio este pozo y del mismo bebieron él, sus hijos y sus rebaños?

-A todo el que bebe de esta agua le volverá a dar sed; sin embargo, al que beba del agua que yo le daré, nunca volverá a sentir sed. Porque en su cuerpo portará una fuente de vida eterna.

-Señor, dame de ese agua, para que no tenga sed ni siga viniendo aquí a sacar agua -suplicó la mujer.

-Será mejor que llames a tu marido para que esté presente.

-No tengo marido.

-Bien veo que eres sincera. Has tenido cinco maridos y al hombre con el que vives ahora no le puedes considerar el sexto.

-¡Señor, ahora sé que eres profeta! -exclamó la samaritana, convertida-. Mis gentes dicen que se debe adorar a Dios en la montaña de Guerizim, pero los judíos imponéis que eso se haga en Jerusalén.

-Llegará un día en el que todos adorarán al Padre en cualquier lugar. Lo que importa es poner el espíritu y la verdad en la plegaria.

-Yo estoy convencida de que el Mesías viene. Cuando se encuentre entre nosotros, nos predicará todas las cosas abiertamente.

-Yo mismo, el que habla contigo, soy ése -reconoció Jesús.

La mujer samaritana que elegía aquellas horas de la tarde para ir a extraer el agua a solas, con el propósito de no ser insultada por sus vecinas, ya que se la consideraba una adúltera, acababa de recibir la primera revelación del hijo de María. Nadie hasta aquel instante había oído nada parecido. Se diría que ella tuvo el honor de asistir a una demostración de autoconvencimiento de aquel Hombre que ya no dudaba sobre su destino.

Los últimos discípulos

Muchos fueron los samaritanos que se convirtieron al conocer lo ocurrido en el pozo artesano. Pero Jesús debía proseguir su camino. Un mes después se encontraba en las orillas del Mar de Galilea, acaso para recuperar a cuatro de sus discípulos que habían preferido volver a su trabajo de pescadores antes que seguirle.

Poco le costó encontrar a Pedro, que estaba remendando las redes. Le pidió prestada una barca para utilizarla como especie de púlpito, desde la que habló a la gente que le seguía. Al finalizar la predicación, dijo a Pedro.

-Ha llegado el momento de que cumpláis vuestro trabajo de pescadores. Remad hasta donde las aguas son más profundas, porque allí vais a echar las redes.

-Maestro, toda la noche nos hemos obstinado en conseguir una pesca, por mala que fuese; pero ni un solo pez ha querido dejarse atrapar. ¿Por qué te empeñas en mandarnos al fracaso?

La mirada de Jesús era tan limpia, que Pedro se sintió arrepentido de sus dudas. Por este motivo ordenó a sus compañeros que le siguieran con otra barca. De esta manera, cuando echaron las redes en las aguas profundas pudieron comprobar que enseguida estaban llenas, hasta el punto de que amenazaban con romperse.

Por último, las embarcaciones quedaron tan repletas de peces que podían hundirse; pero sus tripulantes consiguieron llevarlas hasta la playa. Nada más pisar la arena, Pedro se arrodilló ante Jesús sin poder silenciar su arrepentimiento:

-No te acerques a este pecador, Maestro, que dudó de tus palabras

-De nada has de arrepentirte, pues hablas con el corazón limpio de culpa -dijo Jesús-. A partir de hoy ya sólo pescarás hombres vivos.

Un ofrecimiento parecido formuló a Andrés, Santiago y Juan. De esta forma contó con el apoyo incondicional de estos cuatro discípulos, porque todos ellos abandonaron sus ocupaciones habituales para seguirle desinteresadamente.

El Sermón de la Montaña

Jesús subió al monte de las Bienaventuranzas para orar, como era su costumbre, aunque siempre aprovechaba alguno de los lugares más aislados de la ciudad o pueblo donde se encontraba. Después de pasar allí la noche, al llegar la mañana se acomodó en un ancho rellano de la ladera. En este punto le rodearon varios centenares de hombres y mujeres, a los que dijo:

-Bienaventurados los pobres de espíritus, porque de ellos es el reino de los cielos.

Jesús predicando en la montaña.

"Bienaventurados los mansos, porque ellos poseerán la tierra.

"Bienaventurados los que lloran, porque ellos serán consolados

"Bienaventurados los que tienen hambre y sed de justicia, porque ellos serán hartos.

"Bienaventurados los misericordiosos, porque ellos alcanzarán misericordia.

"Bienaventurados los limpios de corazón, porque ellos verán a Dios.

"Bienaventurados los pacíficos, porque ellos serán llamados hijos de Dios.

"Bienaventurados los que padecen persecución por la justicia, porque suyo es el reino de los cielos.

"Bienaventurados seréis cuando os insulten y persigan y con mentira digan contra vosotros todo género de mal por mí. Alegraos y regocijaos, porque recibiréis en los cielos vuestra recompensa."

Nadie dejó de entender estas bienaventuranzas. Sin embargo, el Maestro prosiguió con un mensaje más inegmático: -Todos vosotros formáis la sal de la tierra; pero si la sal es desvirtuada, ¿con qué se salará? -Continuó el sermón, hasta llegar a otro pasaje misterioso-: Vosotros sois la luz del mundo...

Muchas fueron las reglas de su doctrina que expuso: el respeto al espíritu de la justicia para entrar en el reino de los cielos, no insultar al hermano, huir hasta del adulterio con el pensamiento ("si tu ojo derecho te escandaliza, arráncatelo...; y si tu mano derecha te escandaliza, córtatela"), amar al prójimo, orar por los enemigos y tantas cosas más.

Así dio forma a la doctrina más humana que ha conocido el mundo. En esencia vino a perfeccionar otras religiones del pasado: Akenatón, Buda, Confucio, los esenios, etc., acaso porque éstos le habían preparado el terreno. En lo que se refiere a "la sal de la tierra", hemos de entender el símbolo como lo que concede sabor a los alimentos y, al mismo tiempo, constituye un lazo tan fuerte que ni Dios puede romperlo. El mismo significado encierra la frase "vosotros sois la luz del mundo".

CAPÍTULO VII

MILAGROS Y PALABRAS

El siervo del centurión

Jesús no dejaba de ser seguido por las gentes cuando hizo su entrada en Cafernaum. Allí había una guarnición romana debido a que el lugar se consideraba estratégico, por ser el cruce de los caminos que conducían desde el Éufrates y Siria al puerto de Cesarea, también a Jerusalén y a Egipto.

Precisamente allí se encontraba un centurión romano, que se había ganado una justa fama de amar todo lo judío cuando pagó la construcción de una sinagoga. Enterado de los milagros del Maestro, acudió a pedirle ayuda para que sanara a uno de sus siervos que se encontraba en la cama enfermo e inmovilizado.

-Señor, mi servidor yace en la casa paralítico, cruelmente atormentado -pidió con una sorprendente humildad.

-Ahora iré a curarle -prometió Jesús.

De repente todos pudieron escuchar una manifestación de fe absoluta:

-Señor, yo no soy digno de que entres en mi casa; di una sola palabra y mi servidor será curado. Porque yo me considero un subordinado, pero bajo mi mando tengo a unos soldados, y digo a uno de ellos: ve y en seguida soy obedecido; y al otro: ven, y viene: y a mi esclavo: Haz esto, y lo hace.

El Maestro no pudo por menos que mostrar su admiración:

-En ninguna parte de Israel he encontrado tanta fe. Os digo que del oriente y del occidente vendrán y se sentarán con Abraham, Isaac y Jacob en el reino de los cielos, mientras que los hijos del reino serán arrojados a las tinieblas exteriores... -Seguidamente, se dirigió al cinturón-: Ve, y que se haga contigo de acuerdo a lo que has creído.

81

Y en aquella misma hora el servidor pudo levantarse del lecho ya que estaba curado. De esta forma concluyó uno de los momentos más emotivos de la vida de Jesús, en el que se demuestra que los extranjeros o quienes no eran hijos de Israel se hallaban en mejores condiciones para entenderle, porque no estaban mediatizados por una religión tan absolutista.

La transfiguración de Jesús

En el evangelio de Mateo (XVII, 1 a 13) se cuenta lo siguiente:

Seis días más tarde tomó Jesús consigo a Pedro, a Santiago y a Juan, su hermano, y subiendo con ellos a un alto monte, a solas, se transfiguró en su presencia. De modo que su rostro se puso resplandeciente como el sol, y sus vestidos, blancos como la nieve. Y al mismo tiempo se les aparecieron Moisés y Elías conversando con Él de lo que debía padecer en Jerusalén. Entonces, Pedro, tomando la palabra, dijo a Jesús: Señor, bueno es estarnos aquí; si te parece, formemos tres pabellones, uno para Ti, otro para Moisés y otro para Elías. Todavía estaba Pedro hablando, cuando una nube resplandeciente vino a cubrirlos. Y en el mismo instante, resonó desde la nube una voz que decía: Éste es mi querido Hijo, en quien tengo todas mis complacencias; a Él habéis de escuchar. A cuya voz los discípulos cayeron sobre su rostro en tierra, y quedaron poseídos de un grande espanto. Más Jesús se llegó a ellos, les tocó, y les dijo: Levantaos, y no tengáis miedo. Y alzando los ojos, no vieron a nadie, sino sólo a Jesús.

Y al bajar del monte, les puso Jesús precepto, diciendo: No contéis a nadie lo que habéis visto, hasta tanto que el Hijo del hombre haya resucitado de entre los muertos.

Entonces le preguntaron los discípulos: Pues ¿cómo dicen los escribas que debe venir primero Elías? A esto Jesús les respondió: En efecto, Elías ha de venir antes que el Moisés y pondrá todas las cosas en su lugar; pero Yo os declaro que Elías ya vino, y no le conocieron. Así también harán ellos padecer al Hijo del hombre. Entonces entendieron los discípulos que les había hablado de Juan el Bautista.

Un breve repaso de la transfiguración

En el monte Tabor se puso de manifiesto, por medio de la transfiguración, que Jesús poseía una identidad divina. Durante unos momentos fue Dios, por eso vinieron a hablar con él dos de los grandes patriarcas de Israel. La mejor manera de que los tres discípulos predilectos adquiriesen la seguridad de que estaban siguiendo al portador de la Verdad.

Todo lo demás son símbolos que conceden una gran importancia al suceso: la nube hemos de verla como el anuncio de la presencia de Yahvé, ya que la utilizó para comunicarse con Moisés y con otros grandes hombres; el resplandor de las ropas de Jesús lo equipara con los ángeles o con el cielo; y las palabras del mismo Dios no admiten ninguna duda: suponen la revelación más absoluta de la personalidad divina de Jesús, acaso con mayor fuerza que durante el bautismo en el río Jordán.

Son muchos los biógrafos de Jesús que ignoran este pasaje, porque demuestra que era Dios. Como lo que todos ellos pretenden evidenciar es que sólo fue un Hombre, el más grande de todos, no se permiten concederle un carácter divino. Nosotros creemos que la transfiguración engrandece la imagen del Ser Humano que en todo momento fue Jesús.

A partir de lo sucedido en el monte Tabor, el Hijo del hombre se comportaría como antes. Continuaría siendo el mismo. Y si conocía la tragedia que le aguardaba al final del camino, esto es algo que pocas veces demostraría.

Demanda de milagros

Mientras se encontraban en Cafernaum, el discípulo Simón fue informado de que su madre estaba en la cama, al parecer por culpa de una fiebre maligna. Como todos entendieron que iban al lado de un milagrero, le llevaron a la casa para que cumpliese con esta tarea.

Pero Jesús no se hallaba dispuesto a mantener tal papel, pues lo consideraba propio de un mago o un taumaturgo. Lo suyo era convertir por medio de la palabra, el mejor recurso para que su mensaje fuese entendido a la perfección.

Ante las miradas exigentes de quienes le rodeaban, debió ceder. Más lo hizo al observar que la anciana le estaba enviando un sincero mensaje de fe. Tomó las manos de ésta entre las suyas, al mismo tiempo que le ordenaba:

-Abandona la cama, mujer, y ve a terminar las faenas que dejaste pendientes.

Al momento ella se incorporó con una agilidad que le era desconocida desde hacía muchos años y, en seguida, marchó a la cocina. Pero en su sonrisa se dibujaba el agradecimiento a quien le había curado.

Este milagro fue a añadirse al de la pesca, sin olvidar el del endemoniado, lo que supuso que se incrementara la demanda. A las pocas horas la casa de Simón se vio rodeada de lisiados, cojos, ciegos y otros portadores de males incurables que deseaban ser sanados.

Jesús se negó a atenderlos; pero lo hizo con buenas palabras, para que no se marcharan desesperanzados. En los días sucesivos curaría sólo a los consideró que sabrían mantener en secreto el milagro, sin mostrarse en público hasta que no se encontrara lejos de Cafernaum.

Un torrente de amor

En todo los lugares Jesús no dejaba de verse rodeado por las gentes más humildes, a las que transmitía un torrente de amor. Suyo era el mensaje de la paz, no odiaba a nadie, ni buscaba la confrontación verbal, mucho menos la física. Sus enseñanzas le brotaban del corazón:

-Dios hace brillar su sol sobre los buenos y los malos, lo mismo que la benéfica lluvia cae sobre los justos y los réprobos. Quien crea en Él poseerá el reino de los cielos en la tierra. Pedid, y os será dado; buscad, y encontraréis; llamad, y os será abierta la puerta.

Estas palabras eran tan distintas a las de los sacerdotes, especialmente cuando proclamaban la venganza en la forma del "ojo por ojo y diente por diente". Mientras que el predicador del amor, les aconsejaba:

Jesús curando a los enfermos. (Dibujo de Rembrandt)

-Si alguien te abofetea la mejilla derecha, ofrécele la izquierda. Y al que quisiere ponerte un pleito y tomarte tu túnica, dale también tu manto.

85

Cuando los oyentes se estaban diciendo que semejante propuesta era excesiva, Jesús se cuidó de añadir una cuestión tranquilizadora:

-Pues si vosotros perdonáis a los hombres sus ofensas, vuestro Padre que está en los cielos os perdonará también las vuestras.

No obstante, el predicador complicó las cosas al añadir algo muy discutible:

-Amad a vuestros enemigos, bendecid a los que os maldicen. Haced el bien a los que os odian. Rogad por aquellos que os maltratan y os persiguen.

La petición resultaba tan incomprensible, que uno de los oyentes preguntó:

-¿Cuántas veces he de perdonar a mi hermano si pecara contra mí? ¿Será suficiente con siete veces?

-No ya siete veces te diré, sino aun setenta veces siete.

La confusión se hizo general, hasta el punto de que algunos creyeron que estaban escuchando a un loco o a un soñador de causas imposibles. Hasta que se vieron obligados a cambiar de nuevo su opinión, debido a que Jesús estaba adivinando sus pensamientos:

-No juzguéis, a fin de no ser juzgados. Todo aquello que deseéis que hagan por vosotros los hombres, hacedlo a vuestra vez por ellos, pues ésta es la Ley de Dios.

Una suspiro de alivio se unió a un gesto de aprobación. Las gentes asintieron con la cabeza, pues habían comprendido aquel mensaje de amor fraternal. Todos se hallaban unidos en la búsqueda de un destino superior. ¿No era absurdo dejarse arrastrar por los sentimientos negativos cuando esperaba una vida eterna inundada de amor?

Predicando con el ejemplo

Jesús aceptaba las invitaciones de lo más humildes; sin embargo, antes de sentarse junto a la mesa, se preocupaba de los animales que se encontraban en el establo, tenía unas caricias para los niños y dedicaba unas palabras a los ancianos. También ayudaba a cargar la leña, llevar el agua o realizaba otras faenas domésticas. Y como todo esto lo hacía con tanta naturalidad, sus anfitriones creían lo que después le escuchaban:

-Bienaventurados vosotros, los pobres, pues vuestro será el reino de los cielos. Nunca acumuléis tesoros en la tierra, donde la polilla y el orín los corromperían, y donde se hallarían a merced de los ladrones. Mejor haréis reuniendo vuestros tesoros en el cielo, pues allí donde los dejéis se encontrará vuestro corazón.

Galilea era una tierra donde nadie andaba con la bolsa segura, ya que había demasiados amigos y amigas de lo ajeno. Su ejemplo había sido muy acertado, fácil de comprender. Por este motivo le entregaron su confianza.

-Cuando preparéis la comida o la cena -predicó Jesús un día-, no invitéis a vuestros amigos, ni a vuestros hermanos, ni a vuestros parientes ricos, porque todos ellos quedarían obligados a invitaros a vosotros. Lo que yo os aconsejo es que cuando celebréis una fiesta, llaméis a los pobres, a los mancos, a los cojos y a los ciegos, y llenaros de alegría porque no os puedan devolver el favor. Pues este acto os será recompensado en el momento de la resurrección de los justos.

A casi todos los que le escuchaban les agradó el mensaje, no así a quienes tenían mucho dinero o eran amigos de las celebraciones para hacer ostentación de su riqueza. Uno de éstos, que era muy joven, se atrevió a preguntar:

-Si he respetado los mandamientos durante toda mi vida, ¿qué puede faltarme?

-Sólo te falta una cosa. Si de verdad quieres ser perfecto, vende todo lo que posees y dáselo a los pobres.

El joven se sintió ofendido por la propuesta. Miró a Jesús con despecho y, acto seguido, se marchó de allí con la cabeza erguida propia del orgulloso. Es posible que todavía pudiera escuchar las palabras que su reacción merecía:

-¡Qué difícil les será a los ricos entrar en el reino de los cielos! ¡Con mayor facilidad pasará un camello por el ojo de una aguja, que pueda entrar un rico en la casa de Dios!

Dos hermosas parábolas

Jesús mostraba una acertada preferencia por los pecadores, lo que en muchos instantes sorprendía a quienes le veían actuar. Sus discípulos no se atrevían a reprochárselo abiertamente, de ahí que se merecieran una lección. La recibieron por medio de dos hermosas parábolas que todos ellos entenderían a la perfección:

-¿Quién de vosotros, a pesar de tener un rebaño de cien ovejas, al comprobar que se ha perdido una, no dejaría a las noventa y nueva para correr en busca de la extraviada? Y, una vez encontrada, ¿no os la echaríais sobre los hombros, llenos de felicidad, para volver a casa llamando a los amigos y vecinos, a los que diríais: "Dadme los parabienes, ya que he localizado la oveja perdida"? Por lo mismo os digo, que mayor gozo habrá en el cielo por un pecador arrepentido que por noventa y nueve justos que nunca tendrán necesidad de ser perdonados.

En seguida contó la parábola del hijo pródigo, que reclamó a su padre la parte de la herencia que le correspondía para irla a dilapidar en lugares muy lejanos. Cuando se vio en la miseria, regresó a su hogar, donde le esperaba el padre con los brazos abiertos. Nada más tenerle a su lado, le beso, hizo que le lavaran y le ungiesen y, después, le vistió con las mejores galas y mandó matar el mejor de los terneros. Entonces el otro hijo, que nunca había dejado de trabajar para el bien de la casa paterna, se sintió tan injustamente tratado que hizo patente sus protestas. La réplica de su padre fue ésta: "Hijo, siempre has estado conmigo y todo lo que hay aquí te pertenecía. Pero hoy es necesario celebrar una fiesta y alegrarnos, pues tu hermano se hallaba muerto y ha resucitado; se había perdido, y le hemos encontrado."

Las dos parábolas fueron entendidas en seguida por quienes eran padres y por los que poseían ganado. Los demás necesitaron comentarlas, porque les costaba aceptar que la bondad no mereciese premio. Pronto comprenderían que el mensaje resultaba más sutil, porque no hay mayor dolor que ver alejarse para siempre a un ser querido.

Por otra parte, la utilización de la parábola era muy antigua. Muchas civilizaciones se habían servido de ella, especialmente la egipcia y la budista. Pero éstas no ofrecían una interpretación tan directa, excepto en la del "elefante y los ciegos", que se atribuye a Buda. Ya sabéis que se propuso a un grupo de invidentes que tocaran diferentes partes del cuerpo de un elefante y, después, dieran su opinión: los que tocaron una pata consideraron que era como una fuerte columna; los que habían palpado el cuerpo, creyeron que era igual que una gran piedra; etc. La moraleja de esta parábola es que sólo se conoce la verdad cuando se la ha podido examinar en todas sus facetas.

Uno de los momentos de la parábola del hijo pródigo.

Un primer ataque a los sacerdotes

Ya hemos mencionado que Jesús estaba realizando una revolución, lo que suponía ir en contra de todo lo establecido en Israel. Por pacífica que fuera su manera de actuar, cuando hablaba a las gentes no dejaba de criticar a diferentes estamentos sociales. El ataque a los ricos había conseguido que muchos de éstos se volverían sus enemigos. Lo peor fue cuando empezó a criticar los comportamientos religiosos de los judíos, ya que con ello fue en contra de los sacerdotes. Veamos algunos ejemplos:

-¿Por qué os empeñáis en dar limosnas a toque de trompeta, como se comportan los hipócritas en las sinagogas y en las plazas, al querer ser honrados por los demás hombres? De verdad os digo que éstos ya han obtenido su recompensa. Pero, cuando entreguéis vuestra limosna, que no sepa la mano izquierda lo que está haciendo la derecha, porque el acto debe ser un secreto, con lo que el Padre, que conoce todas las buenas obras, os recompensará en público. ¿Cómo os empeñáis en rezar donde os vean? Mejor haríais rezando en vuestras cámara, con la puerta cerrada para que nadie os contemple. ¿Por qué pretender que se observe vuestro demacrado aspecto en las épocas de ayuno? Lo recomendable es que ayunéis en soledad, lo mismo haréis al ungiros la cabeza y lavaros el rostro.

"En verdad os digo que nunca llevéis vuestros sacrificios al altar pensando que todo os será perdonado. En el caso de que mientras estéis realizando la ofrenda recordaseis que tenéis una deuda pendiente con uno de vuestros hermanos, mejor haríais dejándolo todo para correr a reconciliaros con él. Después de conseguirlo, podréis volver al altar.

La frase una "deuda pendiente" encerraba muchas referencias, especialmente ésas que algunos creían que no necesitaban arrepentimiento, a la hora de entrar en el templo, sin sentimiento de culpa: por ejemplo, atentar contra el mandamiento de "no desearás a la mujer de tu prójimo ni siquiera con la mirada".

No sólo se sintieron heridos por esta alusión los adúlteros por deseo, ya que los sacerdotes llevaron sus quejas al

-No son los sanos, sino los enfermos, los que necesitan el cuidado de un médico. Salid de aquí para que aprendáis lo que significan estas palabras. ¡Yo no he venido a llamar a los justos, sino a los pecadores!

Jesús en una de las fiestas de los paganos.

El ataque resultó tan efectivo, que los fariseos debieron abandonar el lugar al no encontrar la réplica conveniente. Pero esta primera derrota en público no la olvidarían nunca. ¿Cómo deberían contraatacar?

Las protestas que habían presentado ante el Sanedrín no surtieron el efecto, porque era imposible considerarlas un pecado contra la religión oficial. Cualquiera podía hablar en público, aunque criticase algunos contenidos de los libros sagrados. Sin embargo, se creyó conveniente rodear a Jesús de espías, a la espera de que cometiese los primeros grandes errores.

Todavía no le consideraban tan peligroso como Juan el Bautista, que continuaba en las mazmorras de Herodes Antipas. En el caso de que terminara siéndolo, confiaban en someterle de una forma similar.

CAPÍTULO VIII

QUEDÓ ATRÁS EL TIEMPO DE LA ALEGRÍA

Se acumulan los "pecados"

Jesús siguió actuando de acuerdo con las necesidades de cada día. Una mañana que estaba paseando por entre unos trigales en compañía de sus discípulos, como algunos sentían hambre arrancaron unas espigas y empezaron a mordisquearlas. Momento que aprovecharon los fariseos que los seguían para intervenir con esta pregunta:

-¿Es lícito que estéis aquí buscando el alimento en un sábado?

El sábado era el día sagrado de los judíos, el que imponía una total inactividad, salvo a la hora de asistir al templo o celebrar los rituales obligatorios. Estaban prohibidos toda clase de trabajo; y el comportamiento de Jesús y de sus seguidores lo parecía.

-¿Habéis olvidado lo que hizo David cuando sintió hambre y, luego, pudo comprobar que sus acompañantes también la padecían? -replicó el Maestro-. Os diré que no vaciló a la hora de entrar en la casa de Dios, donde tomó los panes de la proposición como alimento para él y los suyos. Ante la necesidad se anticipó a los sacerdotes. Porque el sábado se instauró para servir al hombre, y no para que el hombre se rindiera ante el sábado. Podéis estar seguros de que el Hijo del hombre es señor hasta en sábado.

Los fariseos se fueron de allí tan satisfechos, porque acababan de ser testigos de un pecado o de una profanación.

Horas más tarde, unos hombres pretendieron llevar ante Jesús a un paralítico. Todo un imposible, porque éste se hallaba rodeado por la multitud, la cual formaba una barrera infranqueable de no emplear algún recurso excepcional. Se les ocurrió acostarle en unas angarillas, que levantaron sobre sus cabezas, a la vez que alzaban la voz para abrirse paso. Y el Maestro nada más contemplar al tendido, sorprendió a todos al exclamar:

-¡Hijo, tus pecados te son perdonados!

Unos escribas que se hallaban en primera fila pensaron escandalizados:

"¡Está blasfemando! ¡Sólo Dios puede perdonar los pecados!"

-¿Cómo permitís que vuestros corazones sean heridos por esas malas ideas? -preguntó Jesús, después de leer en las mentes de sus enemigos-. ¡Para mí es igual decir "tus pecados te son perdonados" que "levántate y anda"!

En aquel mismo instante el paralítico se incorporó, se puso de pie, se echó a los hombros las angarillas y avanzó por el pasillo que le estaba abriendo la multitud. Pero todos habían quedado tan anonadados, que ni uno solo de ellos se atrevió a gritar su jubilo. Realmente, estaban muy lejos de sentirlo. Porque lo suyo era sobrecogimiento ante lo inexplicable.

¿Podían considerar lo que acababan de presenciar otro acto de magia o un verdadero milagro? ¿Acaso es que tenían delante al Mesías, a un profeta o a un ser superior a todo lo reflejado por las Escrituras?

Mientras tanto, los fariseos se alejaban tan satisfechos, debido a que acababan de presenciar otro pecado o una blasfemia. Porque quien se atrevía a considerarse igual a Dios era merecedor de la muerte. El Sanedrín ya podía actuar contra Jesús; pero no se atrevería ni a un mover un dedo, gracias a que el juez Nicodemo se encargó de convencer a sus colegas de que el pueblo de Palestina se sublevaría, porque amaba al Nazareno.

En efecto, superada la primera impresión que siempre causaban los milagros, llegaba el tiempo de la razón. Y ésta jugaba en beneficio de aquel Hijo del hombre que sanaba a los incurables sin pedir nada a cambio.

Jugando con fuego

A Jesús nunca le atemorizaron los fariseos o... ¿No sería que con sus provocaciones estaba jugando con fuego intencionadamente? La parábola que contó a los pocos días hemos de considerarla muy peligrosa:

Jesús curando un enfermo. (Dibujo de Rembrandt)

-Dos hombres entraron en el templo juntos, a pesar de no considerarse amigos. Uno de ellos era publicano y el otro fariseo. Éste se quedó de pie mientras oraba mentalmente: "¡Oh, Dios!, gracias por haberme hecho distinto a los otros hombres,

99

que son ladrones, injustos y adúlteros. A ti te debo no parecerme a este publicano. Yo ayuno dos veces a la semana y pago el diezmo sobre todo lo que poseo." Mientras tanto, el publicano se hallaba a bastante distancia del fariseo. Su actitud puede considerarse muy humilde, mantenía la cabeza baja porque no se atrevía a mirar hacia el altar y se golpeaba el pecho diciendo. "¡Oh, Dios, ten compasión de mí que soy un pecador!" Pues yo os digo que éste regresó a su casa perdonado, lo que no le sucedió al otro. Porque todo el que se ensalza, será humillado, y el que se humilla, será ensalzado.

Esta parábola sirvió para que en Galilea se supiera que Jesús era enemigo de los fariseos. A los pobres esto les sirvió de consuelo, porque les aseguraba un defensor, mientras que los afectados siguieron anotando todos estos "pecados", confiando en que algún día serían tantos que el Sanedrín debería actuar para callar al rebelde.

La parábola del Buen Samaritano

El Hijo del Hombre se encontraba en Judea cuando fue desafiado por un doctor de la Ley:

-Maestro, ¿cómo he de comportarme para alcanzar la vida eterna?

-¿Qué es lo que se halla escrito en los libros sagrados?

-Amarás al Señor tu Dios de todo corazón y con toda tu alma. Volcando en ello la totalidad de tus fuerzas y el poder de tu mente; y al prójimo como a ti mismo.

-Has respondido acertadamente. Compórtate de esa manera y vivirás eternamente.

-¿Y cómo podré reconocer a mi prójimo? -insistió el doctor de la Ley queriendo poner a Jesús en evidencia.

-Bajaba un hombre de Jerusalén a Jericó -empezó a contar el Maestro-, cuando cayó en manos de los ladrones. Le robaron la bolsa y los objetos de valor, le hirieron gravemente y le abandonaron al creer que estaba muerto. Al poco tiempo, pasó por allí un sacerdote; y a pesar de que vio el cuerpo tendido en el suelo, siguió su camino sin prestarle ningún cuidado. El mismo comportamiento lo fue a repetir un levita. Algo que no imitó un viajero samaritano. Nada más contemplar al caído, sintió tanta compasión que le prestó auxilio. Le lavó las heridas con aceite y vino, las vendó y, después, subió al infortunado a una cabalgadura. Así le pudo llevar hasta un mesón, donde siguió prestándole los mayores cuidados. A la mañana siguiente, pagó dos denarios al mesonero a la vez que le decía: "Cuida bien a este hombre. Dale todo lo que necesite. En el caso de que gastase mas, yo te pagaré a mi vuelta la diferencia." ¿Quién de estos tres te parece haber sido más prójimo del que fue asaltado por los ladrones?

-Aquel que hizo uso de la misericordia -reconoció el doctor de la Ley, porque no podía contestar otra cosa ante tanto público.

-Pues ya sabes cómo debes comportarte de aquí en adelante -dijo Jesús.

Con esta parábola puede decirse que el Hijo del hombre, el revolucionario, echó en el vaso la última gota que iba a colmarlo. Porque acababa de elegir a un samaritano, que en Palestina era considerado componente de una raza "indigna" como el mejor, a la vez que colocaba en una posición insultante a dos representantes de la alta burguesía.

Jesús amenazado de muerte

Los fariseos, escribas y algunos ricos judíos que se hallaban dispuestos a probar que Jesús era un farsante, se habían enzarzado con él en una discusión que se empeñaban en cargar de violencia verbal, mientras aquél se limitaba a responder con la verdad. La agresividad adquirió los límites del insulto cuando uno de los enemigos preguntó:

-¿No estamos acertados nosotros cuando decimos que tú eres un samaritano y estás endemoniado?

-Yo no estoy poseído del demonio -replicó el Maestro-, pues me limito a honrar a mi Padre. Vosotros ahora me estáis deshonrando a mí. Pero yo nunca buscaré mi gloria, ya que otro se encargará de ello, con lo que reconocerá mi importancia. Yo os digo que quien siguiera mi doctrina no morirá para siempre.

-Con las palabras que acabamos de escuchar has demostrado que eres un endemoniado. Abraham murió, lo mismo que los profetas; pero tú dices: quien siguiera mi doctrina, no morirá eternamente. ¿Acaso te consideras superior a nuestro padre Abraham, el cual murió, y que los profetas, que también murieron? ¿Por quién te tienes tú?

-Si yo me glorifico a mi mismo, vosotros diréis que mi gloria no vale nada; pero es mi Padre el que me glorifica, Aquel que vosotros consideráis que es Dios. Pero ninguno le habéis conocido: Yo sí que le conozco; y si dijera lo contrario sería un mentiroso como vosotros. Porque le conozco observo y respeto sus palabras. Abraham, vuestro padre, ardió en deseos de contemplar este día mío: lo vio, y se llenó de gozo.

En aquel momento aquellos judíos creyeron que ya habían oído lo suficiente. Su portavoz gritó:

-¡Todavía no has cumplido los cincuenta años! ¡Reconoce que nunca has visto a Abraham?

-En verdad os digo que antes que Abraham fuese criado, existo yo.

En aquel momento, los enemigos se armaron de piedras para tirárselas a Jesús. Estaban dispuestos a matarle por blasfemo. Sin embargo, no pudieron ni siquiera levantar los brazos porque su "víctima" acababa de desaparecer. Todavía no había llegado la fecha de su sacrificio.

María Magdalena

Meses después, otro fariseo invitó a Jesús y no fue rechazado. Mientras estaban comiendo tranquilamente, apareció una mujer muy hermosa. Se llamaba María Magdalena y era una ramera que se había acostado con casi todos los hombres allí presentes. Por eso se intentó echarla por medio de las burlas; no obstante, ella se había empeñado en conocer al Nazareno misericordioso. Y nada más descubrir su dulce mirada, tan distinta a las burlonas que la seguían, se arrodilló ante él. Con sus lágrimas de felicidad regó los pies desnudos de aquél, presa de un arrebato que consideró ofensivo para quien adoraba. Por eso buscó un lienzo con el que secarle...

Y al no encontrarlo, utilizó su largo cabello, además de sus labios. Poco después, ungió los pies con ungüento que sacó de un frasquito de alabastro que siempre llevaba con ella. Pero la vergüenza le impidió levantar la mirada, ya que se consideraba indigna de tan gran Hombre. De repente, el fariseo creyó que se le había presentado la oportunidad de avergonzar a quien consideraba su enemigo:

-Si de verdad fueras un profeta, sabrías quién es la pecadora que se encuentra delante de ti.

Jesús prefirió no contestar directamente a quien intentaba provocarle. Optó por hablar a Pedro, al que contó la parábola de los dos hombres a los que un acreedor de ambos les perdonó las deudas; sin embargo, no eran de la misma cuantía, ya que mientras una resultaba muy grande, la otra podía considerarse pequeña. Para finalizar, preguntó cuál de ellos se mostraría más agradecido.

-No hay duda, Maestro -respondió el discípulo-, aquel que más debía.

-Has juzgado con rectitud. -Al momento hizo una pausa. Miró a la mujer y, después, al fariseo para decirle-: Observa a esta joven. Cuando entré en tu casa, no me diste agua para los pies; sin embargo, ella los acaba de regar con sus lágrimas y limpiado con sus cabellos. Tú no me diste el beso de bienvenida; y ella, desde que llegó a mi lado, no cesa de besar mis pies. Tú no ungiste mi cabeza con óleo; y ella me ha cubierto los pies con ungüento. En base a su comportamiento conmigo, declaro que por muchos que sean sus pecados todos le serán perdonados, debido a que ha amado mucho. Debes saber que todo aquel que no sabe perdonar, tiene una nula capacidad de amar.

Los invitados a la fiesta se quedaron en silencio, sintiéndose incapaces de replicar. Mientras tanto, María Magdalena y Jesús continuaban allí, manteniendo la misma conducta: la pecadora ungiendo los pies del Maestro, y éste, que nunca había conocido mujer, aceptando un trato que los dignificaba a ambos.

Poco más tarde, Jesús se incorporó para que la arrepentida hiciese lo mismo; a la vez, la dijo:

-Tus pecados te han sido perdonados gracias a tu fe. Puedes irte en paz.

Es lo que ella haría, aunque sólo en ese momento. A partir de aquella fecha se convertiría en una de las mujeres que seguían a Jesús. Y como había sido curada por un médico divino, jamás volvió a mantener trato carnal con ningún hombre, ni se avergonzaría cuando muchos de los que estaban siendo rechazados le recordaron su pasado. Es posible que María Magdalena entendiera mejor el mensaje del Maestro que todos los discípulos, por eso no le abandonaría ni en la misma cruz.

Legión, el hércules poseído

Meses más tarde, Jesús y sus discípulos se encontraban cerca de la desembocadura del Jordán. Unas tierras donde abundaban las manadas de cerdos, lo que no convertía el lugar en un escenario desagradable. Sin embargo, fueron sobresaltados por la presencia de un personaje repulsivo: llevaba la cabeza cubierta con unas greñas sucias y abundantes, vestía unas míseras pieles que sólo le tapaban una tercera parte del cuerpo y presentaba todo el aspecto de un hércules inhumano. Al parecer se le había intentado encerrar en una gruta, pero siempre consiguió romper las ligaduras, ya fuesen gruesas cuerdas o cadenas. Y últimamente andaba libre, porque a todos los que se le acercaban los espantaba con una lluvia de piedras.

Después de lo que acabamos de contar, se puede comprender el temor que sintieron las gentes al ver llegar a tal personaje junto al Maestro. No obstante, se mostró bastante cuerdo al preguntar:

-¿Qué puedes temer tú de mí, Jesús, Hijo del Dios altísimo? ¡Te suplico que me libres del tormento!

-¿Cómo te llamas, hijo? -preguntó el Nazareno.

-Mi nombre es Legión.

Sanedrín. Por el momento, los ancianos jueces se limitaron a escuchar, sin proceder. Nicodemo no debió intervenir para salvar a Jesús, aunque sí envió un mensaje a los discípulos para que se mostraran más precavidos.

El pecado es la enfermedad del alma

Cuando Jesús sanaba a un enfermo, sus palabras finales acostumbraban a ser éstas: "No peques más." Algo que muchos no entendían al ser incapaces de comprender que la salud física se hallaba unida a la espiritual. Cierto que bastaba con mirar al Maestro para tener la mejor respuesta: siempre se mostraba ágil, despierto y voluntarioso porque era el hombre más justo y equilibrado que se había conocido. Un personaje del que debían salir consejos como éstos:

-No os preocupéis tanto por vuestra existencia a la hora de buscar obsesivamente la comida, la bebida o la ropa. ¿Acaso en la vida no hay algo más que ropas y alimentos? Contemplad a las aves del cielo, que no siembran, ni siegan, pero vuestro Padre celestial las alimenta. ¿No sois todos vosotros superiores a ellas? Fijaros en los lirios del campo, cómo crecen. Lo consiguen sin trabajo, no necesitan un huso; sin embargo, yo os digo que Salomón con toda su gloria nunca fue vestido así como uno de ellos. Pues si a la hierba del campo, que hoy se alza y mañana será arrojada al horno, Dios la viste de tal manera, ¿que no hará por vosotros, hombres de poca fe? Dejad de preocuparos por lo que va a suceder el día del mañana, ya que entonces serán otras cosas más importantes las que os inquietarán.

Cada una de estas palabras encerraba una gran carga de sinceridad. Jesús no planificaba sus días. Cuando se levantaba con la salida del sol, después de lavarse y vestirse dejaba que sus discípulos eligieran la ruta a seguir. También se conformaba con lo que había en la mesa, ya fuese mucho o poco. Este proceder asombró a algunos, y así se lo hicieron saber:

-¿Por qué los discípulos de Juan el Bautista practicaban el ayuno y los tuyos no?

91

lidad, respeto a la palabra del Maestro y no poseer dinero propio. Todas las monedas se depositaban en una caja común, algo que venían practicando los esenios desde hacía siglos. Se cree que el administrador era Judas, por haberse mostrado el más práctico de todo el grupo.

Una mañana que estaban bordeando la playa, Jesús vio a un aduanero en su garita. Entonces decidió demostrar que la parábola del hijo pródigo podía ser aplicada en la realidad. Se acercó a aquel conocido, pues era Leví-Mateo, un ex discípulo que prefirió incorporarse a su trabajo al ser un publicano, y le dijo que le siguiera. Al momento fue obedecido, lo que no dudó en festejar.

La mayoría de los seguidores de Jesús eran galileos. Ahora sabemos que le acompañaron algunas mujeres, que pocas veces se unieron a los hombres. Bueno, hemos de reconocer que distintos historiadores cuentan que durante los primeros años Pedro y otros discípulos llevaron con ellos a sus esposas. Pero esta cuestión resulta bastante discutible.

También debemos resultar que Jesús rechazó a muchos candidatos a discípulos, porque adivinó que no le serían fieles. Entonces, ¿cómo pudo permitir que Judas fuera a su lado? ¿Acaso porque obedecía a un guión preestablecido o alguna profecía? ¿Sabía con tanta antelación que alguien debía traicionarle para que se desencadenara su trágico final?

Las preguntas que nos formularíamos ahora serían muchas más; sin embargo, vamos a conformarnos con éstas.

Para aliviar la tensión, diremos que Jesús dedicaba a sus discípulos una variada gama de nombres; hijos, obreros, pescadores, etc.

Un perfil más cercano de los discípulos

Los discípulos no eran pobres, ni incultos. Si tenemos en cuenta sus profesiones, deberíamos situarlos entre la clase media. Los que ejercían el oficio de pescadores disponían de unos barcos propios, cada uno de los cuales tenía cabida para

Las manos del Maestro se apoyaron en los hombros de quien acababa de arrodillarse, para sacudirle ligeramente todo el cuerpo. Los dos se estaban mirando fijamente, con lo que se produjo el dominio de Jesús sobre la voluntad del poseído. La mejor forma de que fuera curado al verse libre del demonio. Pero...

El buen samaritano. (Dibujo de Rembrandt)

La atención de la multitud fue atraída por los gritos de un porquerizo y, al momento, por el ruidoso chapoteo de unos cerdos. Un simple accidente desencadenado por la distracción de aquél, pues al estar pendiente de lo que ocurría en el valle,

105

olvidó que la piara que estaba cuidando se hallaba muy cerca del borde de la montaña, a cuyos pies se encontraba el lago.

Y la gente supersticiosa consideró que los demonios que acababan de ser expulsados del cuerpo de Legión habían ido a refugiarse en los cerdos. Esto les llenó de tanto pavor que, después de reunirse para hablar del tema, fueron a suplicar a Jesús y a los suyos que se marcharan de allí. Materialmente les prohibieron que entrasen en la ciudad.

Los fariseos continuaban al acecho

Al llegar Jesús a Galilea los fariseos ya le estaban esperando. Dos de ellos le preguntaron al verle pasar por una de las calles más concurridas:

-¿Cuándo va a llegar el reino de los cielos, Maestro?

El tono de voz sonó tan malicioso que los discípulos pensaron que no habría respuesta. Se equivocaban por completo, debido a que el Hijo del hombre aprovechó la ocasión para aleccionar a los presentes y, al mismo tiempo, demostrar a los enemigos que no los temía:

-El reino de Dios jamás llega por sorpresa ni consigue que los ojos se maravillen. A nadie podréis escuchar: ¡ya está aquí! Yo os digo que el reino de Dios se encuentra entre vosotros.

En seguida prosiguió su camino, para dejar a los fariseos chasqueados. Nada le podían reprochar en esta ocasión, porque las palabras que acababan de oir no contenían ningún pecado contra la religión oficial de Israel.

Al día siguiente, fueron otros los fariseos que intentaron provocar a Jesús con una pregunta que consideraban envenenada:

-¿Por qué no resaltas ante todos nosotros un signo que provenga del cielo, maestro?

El Hijo del hombre no reaccionó en esta ocasión con su sosiego habitual, ya que miró a quienes le acechaban y respondió con un tono agrio:

El milagro de la hija de Jairo. (Dibujo de Rembrandt)

-¿Me pedís un signo? ¿No decís "mañana hará buen tiempo" cuando veis un atardecer rojizo; y "hoy se desatará una tormenta" al observar que el cielo se ha puesto plomizo? ¡Hipócritas! ¿Cómo sois capaces de interpretar los aspectos del cielo y no podéis reconocer los signos del tiempo en el que vivís? ¿Por qué exigís un signo? ¡Yo os aseguro que no veréis ningún signo de la llegada del reino de los cielos!

Estas palabras sonaron tan cargadas de agresividad que las gentes se sintieron alarmadas, por eso empujaron a los fariseos para que se marcharan de allí. Y éstos lo hicieron, pero satisfechos por haber conseguido enojar a quien no dejaban de perseguir en busca de nuevos pecados o delitos que presentar ante el Sanedrín.

La "muerta" estaba dormida

De nuevo en Cafernaum, Jesús fue requerido por Jairo, un rabino al que se le saltaban las lágrimas y llevaba el cuerpo tan encorvado como el de un anciano por culpa de la pena. Pero su voz se escuchó llena de fe:

-¡Mi hija agoniza, Maestro! ¡Estoy convencido de que si pones tus manos sobre ella se curará!

Esta seguridad en la boca de un hombre que pertenecía a las castas enemigas del Nazareno fue correspondida. Pronto llegaron a la casa, de la que salían unas prolongadas exclamaciones de angustia:

-¡La niña ya ha muerto!

Jesús no hizo caso de las voces, porque estaba seguro de que obedecían a una reacción supersticiosa, capaz de tomar una breve catalepsia por la muerte. Se acercó a la cama, donde yacía la joven en la posición de las difuntas y preguntó a las mujeres que sollozaban:

-¿Por qué lloráis antes de tiempo? Esta chiquilla sólo se encuentra dormida.

Algunos dejaron escapar unos comentarios irónicos, con lo que el Maestro pidió que la estancia fuera desalojada. Una vez se quedó solo con el padre, los dos cerca de la cama, se limitó a aconsejar:

-Tu fe es tan profunda que no sientes temor. Anda, ve a coger de la mano a tu hija. Nada más que la toques, la verás despertar de un sueño que no le ha sido desagradable.

Así fue como la joven venció a la muerte a la manera de quien se libera de un sopor. Un verdadero milagro, que el rabino Jairo nunca olvidaría. Tampoco la gente más humilde.

La muerte de Juan el Bautista

Largo había sido el encierro de Juan el Bautista en las mazmorras de Herodes. En ciertos momentos se le permitió recibir visitas con tanta frecuencia, que muchos de sus seguidores pensaron que se le pondría en libertad. Puede decirse que la relación, por medio de amigos comunes, entre aquél y Jesús resultó bastante fluida. Ya sabemos que eran primos "lejanos". Pero se hallaban unidos por unas firmes creencias, de las que ninguno de sentía dispuesto a renegar.

Precisamente por este motivo Juan terminó siendo decapitado, aunque la historia lo relacione con la caprichosa Herodías, esposa del tirano, y con Salomé. El hecho es que el crimen conmocionó a toda Palestina. También a Jesús, porque no sólo lloró la muerte del "hermano", sino que se hizo más duro en sus predicaciones, a la vez que incrementaba sus ataques a la corrompidas clases políticas y religiosas de Israel.

No lo hizo de una forma directa, ya que nunca había sido ésta su conducta. Prefirió continuar sirviéndose de las palabras y de un buen número de hechos, como no respetar el sábado, olvidarse de los rituales ante la mesa y de otras imposiciones que consideraba absurdas. Quien había comenzado su trato con las gentes recurriendo a las demostraciones de amor y de fraternidad, dentro de una atmósfera de alegría, terminó imponiéndose un talante más austero.

CAPÍTULO IX

¡YO SOY EL MESÍAS!

La llamada de Marta y María

En Betania se encontraban tres hermanos amigos de Jesús, cuyos nombres eran Marta, María y Lázaro. Ellas habían formado parte de las mujeres que seguían al Maestro, pero debieron volver a su hogar al conocer que Lázaro estaba muy enfermo. Desde el primer instante se dedicaron a intentar curarle con los remedios tradicionales. Cuando se dieron cuenta de que todos sus esfuerzos resultaban inútiles enviaron a un conocido para que pidiese ayuda a Jesús. Como ya era normal en éste, su comentario fue de lo más tranquilizador:

-La enfermedad no le causará la muerte, a pesar de que ha sido escrito que la misma sirva para glorificar al Hijo de Dios.

Con estas palabras dejó claro que el tiempo no apremiaba. Esperó dos días y, en el amanecer del tercero, dijo a sus discípulos:

-Ha llegado el momento de que partamos para Judea.

-¿Has olvidado que allí los judíos quisieron apedrearte, Maestro? -preguntó Pedro muy asustado.

-¿A qué hemos de temer? -replicó el Hijo del hombre-. El día tiene doce horas de claridad. Quien camina durante este tiempo difícilmente tropezará, gracias a que le protege la luz del mundo. El peligro sólo amenaza durante la noche. -Con estas palabras logró tranquilizar a sus discípulos; después, añadió-: Ahora nuestro amigo Lázaro duerme un mal sueño del que conviene despertarle.

-No hay duda de que sanará al abrir los ojos -comentó Tomás, al creer que el Maestro se refería al sueño natural.

-Te equivocas, Lázaro ya está muerto. Por eso nos necesita -rectificó Jesús.

-Será mejor que vayamos a su lado para compartir el dolor de su familia -intervino Santiago.

Lázaro ya estaba en la sepultura

Antes de que Jesús llegara a Betania, que se encontraba a unos tres kilómetros de Jerusalén, Marta salió a anunciarle que su hermano ya llevaba cuatro días enterrado. Y llena de fe prosiguió:

-Señor, si hubieras estado aquí mi hermano se encontraría vivo, porque a ti te concede Dios todo lo que le pides.

-No dudes que Lázaro resucitará.

-Claro que lo hará; pero será en la "resurrección universal", que nos corresponderá a todos el último día.

-Yo soy la resurrección y la vida, quien cree en mí vivirá aunque esté muerto. Y todo aquel que vive, si cree en mí no morirá para siempre. ¿Crees tú en esto, Marta?

-¡Oh, señor, sí que creo! ¡Tú eres el Cristo, el Hijo de Dios vivo, que ha venido a este mundo para salvarnos!

La creyente se sentía tan confortada que, después de pedir disculpas porque iba a marcharse, fue en busca de su hermana María. Llegó a la casa intentando apagar el ahogo de la carrera, ya que deseaba mantener en secreto lo que acababa de sucederle. Pero había demasiadas personas allí, lo que supuso que algunos se dieran cuenta de la salida de Maria. No dudaron en seguirle creyendo que marchaba a la sepultura de su inolvidable hermano.

De esta manera las dos mujeres iban acompañados de una docena de judíos cuando se encontraron con Jesús, que todavía no había entrado en la ciudad.

-Señor, de haber estado junto a nosotras ahora Lázaro seguiría vivo -dijo María sin contener las lágrimas.

Era tan hondo el llanto de las dos hermanas, lo mismo que el de quienes las acompañaban, que el Hijo del hombre preguntó:

-¿Dónde le habéis puesto?

-Acompáñanos, Señor, y lo verás tú mismo -contestó Marta.

En aquel momento a Jesús se le llenaron los ojos de lágrimas, como prueba de lo mucho que amaba a Lázaro. Sin embargo, algunos lo consideraron una muestra de debilidad, que les llevó a susurrar:

-Éste que ha curado a tantos enfermos y, como se dice, resucitado a una muerta, ¿por qué no hace lo mismo con Lázaro?

El milagro más grande

Los sollozos de Jesús no dejaban de manifestarse, aunque fueran muy débiles. Es posible que lamentara los cuatro días que el amigo llevaba enterrado. Cuando se vio ante la sepultura, ordenó con voz segura:

-Retirad la piedra.

-Señor, seguro que el cadáver de mi hermano ya hiede, pues hace mucho calor y lleva demasiadas horas enterrado -advirtió Marta.

-¿No te he dicho que si creyeras verías la gloria de Dios, mujer? -preguntó el Maestro con una voz que sólo permitía una decisión.

Se quitó la enorme piedra que servía de puerta. Entonces Jesús alzó los ojos al cielo y dijo:

-¡Oh Padre!, gracias te doy porque me has oído. Bien es cierto que siempre atiendes mis demandas; pero lo digo por este pueblo que anda desconfiando en mí. Lo que busco es que crean que Tú eres el que me has enviado. -Acto seguido, miró hacia el interior del sepulcro y gritó-: ¡Lázaro, sal afuera!

En aquel mismo instante el dado por muerto abandonó la cueva-sepúlcro, a pesar de llevar las piernas y las manos ligadas con fajas y tapado el rostro con el sudario. Jesús aconsejó a las dos hermanas:

-Vamos, ya podéis desatarle para que se sienta libre. Luego permitidle que vaya donde le parezca.

Pronto Lázaro apareció ante todos con el mismo vigor que en sus mejores años. Agradeció a su salvador que le hubiese devuelto a la vida y, al final, marchó a casa abrazado por Marta y María, que habían vuelto a llorar, pero en este momento de felicidad.

Los presentes habían quedado maravillados; y ya creyeron rotundamente en el Nazareno. Sin embargo, los enemigos que se escondían entre la multitud corrieron a informar al Sanedrín, por si lo visto podía ser considerado un acto de magia.

No hay duda de que acabamos de describir el más grande de los milagros de Jesús. Un suceso tan colosal que en cualquier momento del mundo, pero en otro país, hubiera servido para consagrar definitivamente a quien lo había realizado. Hemos de tener en cuenta que Lázaro era un hombre rico, acaso un fariseo (formaba parte del reducido grupo, entre los que seguía destacando Nicodemo, que defendían a Jesús), luego su resurrección debería haber sido la demostración de la Verdad. Sin embargo...

Israel no tenía ojos

José Luis Martín Descalzo, en su libro "Vida y misterio de Jesús de Nazaret", deja bien clara esta cuestión:

...No tenían ojos, efectivamente. Ante sus ojos se había puesto la prueba definitiva, habían visto a un muerto de cuatro días levantándose con sólo una frase; había ocurrido a la luz del día y ante todo tipo de testigos, amistosos y hostiles; tenían allí al resucitado con quien podían conversar y cuyas manos tocaban. Pero su única conclusión es que tenían que matar al taumaturgo y que eliminar su prueba.

Es por esta ceguera por la que ahora llora Jesús. Un día, esa ciudad que ahora duerme a sus plantas bajo el sol, será asolada porque no supo, no quiso entender. Y serán los jefes de

114

ese pueblo los supremos responsables; los mismos que acudieron a Betania seguros de que Jesús no se atrevería a actuar ante
sus ojos; los mismos que de allí salieron con el corazón más
ampozoñado y con una decisión tomada.

Jesús con Marta y María. (Dibujo de Rembrandt)

Y Jesús ve ya esa ciudad destruida, arrasada, sin que
quede en pie una piedra sobre otra. Y llora. Porque quiere a
esta ciudad como quería a Lázaro. Pero sabe que si él puede
vencer a la muerte y a la corrupción de la carne, se encuentra

115

maniatado ante un alma que quiere cegarse a si misma. Él es la resurrección y la vida, pero sólo para quien cree en él. Lázaro, en realidad, dormía. Su alma no se había corrompido, no olía a podredumbre. Los fariseos, que horas más tarde regresaban hacia sus madrigueras, creían estar vivos. Pero sus almas olían mucho peor que la tumba de Lázaro.

El Hijo del hombre se anticipó al tiempo con la visión de una Jerusalén destruida, algo que sucedería muchos años después. Ahora sabemos que la religión de Israel no aceptó a Jesús, a pesar de todos sus prodigios y de su mensaje humanitario, el más democrático que se había conocido en el mundo hasta aquellos momentos. Y sus lágrimas hemos de interpretarlas, además, como una gran frustración: había ofrecido su doctrina al pueblo elegido de Dios, y no estaba siendo oído nada más que por los humildes. Al mismo tiempo, cuanto mayores eran sus prodigios más próxima veía su ejecución: la mayor injusticia que se cometería en la historia universal.

La curación del ciego

Este milagro de Jesús es muy anterior en el tiempo a la resurrección de Lázaro; no obstante, hemos preferido situarlo en este momento para poder mostrar la tozudez obsesiva de los enemigos de la Verdad. Como eran incapaces de creer en ella por mucho que la tocaran, la tuviesen delante y hasta les afectara directamente.

Una tarde que el Hijo del hombre y sus discípulos pasaban por delante del templo, se fijaron en un ciego de nacimiento que se encontraba pidiendo limosna. Pedro preguntó:

-Maestro, ¿quién ha pecado para que este infeliz naciese ciego, él o sus padres?

La cuestión encerraba el eterno misterio del nacimiento de los seres humanos; y en este caso, cómo llegaban al mundo con taras tan graves.

-Ni él pecó, ni pecaron sus padres. Es un ciego para que se manifieste en su persona la obra de Dios.

Esta respuesta que parecía fatalista dejó de serlo con la acción siguiente de Jesús. Se acercó al ciego, escupió en el suelo, con la saliva formó un poco de barro que, después, utilizó como ungüento que aplicó en los ojos del invidente. Al finalizar este proceso, dijo al que iba a ser curado:

-Ve hasta la piscina de Siloé y lávate con su agua.

Singularmente, el proceso seguido por el Nazareno se parecía al de los médicos judíos de la época. Pero con una novedad muy importante, éstos no se servían de barro y saliva y, sobre todo, nunca se había conseguido devolver la vista a un ciego de nacimiento. En este caso todos los presentes, que sumaban más de un centenar, pudieron contemplar y escuchar los saltos y los gritos jubilosos de quien estaba viendo por vez primera vez en su vida.

Hasta aquí llega el milagro. Claro que, como hemos apuntado anteriormente, quedaba algo más.

Negando lo evidente

Lo lógico sería que los familiares, amigos y vecinos del que ya no era un ciego hubiesen participado de su felicidad. Pero algunos de ellos, que odiaban a Jesús por sus ataques a los ricos y por combatir los pecados que éstos se negaban a abandonar, comenzaron a decir algo tan absurdo como esto:

-Nadie se cura de una ceguera de nacimiento. Estamos convencidos de que este hombre no es el ciego, porque nos han mandado a uno que se le parece mucho.

La idea fue recogida por los fariseos, con tanta malicia que llegaron a la casa del ciego para entrevistar a los padres. Y la respuesta de éstos no pudo ser otra que la siguiente:

-No tenemos ninguna duda de que es nuestro hijo y que nació ciego. Cómo ha conseguido ver, eso lo ignoramos. Preguntarle a él mismo, pues es mayor y tiene su propia opinión sobre el asunto.

Ante este primer fracaso, el enemigo presionó al propio ciego:

117

-Nosotros sabemos que ese hombre que te curo es un pecador. Tú debes reconocerlo sin ningún temor.

-Si es un pecador o no, eso yo lo desconozco. De lo que estoy seguro es que antes estaba ciego y ahora veo. -Como advirtiese que los fariseos seguían sin creerle, llegó hasta a burlarse de ellos-: Seguís ante mí queriendo que os diga una mentira. ¿Cómo pretendéis algo así? ¿Acaso es que deseáis convenceros para terminar siendo discípulos de Jesús?

-¡Calla! -gritaron los orgullosos-. ¡Discípulos de ese pecador lo serás tú! Nosotros somos discípulos de Moisés, al que le habló Dios. Pero del tal Jesús ni siquiera sabemos de dónde proviene.

-No debéis tener mucho entendimiento cuando desconocéis de donde proviene quien ha llenado de luz mis ojos. Yo tengo entendido que Dios nunca oye a los pecadores, ya que sólo atiende al religioso que obedece sus mandatos. Si Jesús no procediera de Dios nunca haría los milagros que de él se cuentan, y uno de cuyos beneficiarios soy yo mismo.

-¿¡Cómo te atreves a darnos lecciones a nosotros, tú que naciste en la miseria y has vivido de la limosna!?

Con esta pregunta-exclamación los enemigos salieron de la casa, más "ciegos" que antes. Porque sólo buscaban un objetivo establecido: demostrar que el Nazareno era un impostor. La Verdad no les importaba, debido a que temían perder su importante posición social.

El reencuentro con Jesús

El ex ciego volvió al templo, en esta ocasión para agradecer su curación. Antes de entrar se vio ante un personaje de aire noble, que estaba solo y le miraba con una expresión muy dulce. Al momento supo quién era, a pesar de no haberle contemplado nunca.

-¿Tú crees en el hombre que te curó? -preguntó el Maestro.

-Dime quién es, Señor, para creer en él.

-Lo tienes ante tus ojos, es el que habla contigo.

118

-¡Creo, Señor! -reconoció el nuevo vidente cayendo de rodillas.

Ya se habían arremolinado muchas personas alrededor de los dos hombres. Tampoco faltaban los enemigos. Y a éstos fueron dedicadas las palabras de Jesús:

-Yo he venido al mundo para que las cosas cambien. Muchos de los que no ven, podrán ver. Y muchos de los que ahora ven quedarán ciegos.

-¿Es que nos consideras ciegos a nosotros? -preguntaron los fariseos con un tono colérico.

Jesús curando al ciego.

-Si fuerais ciegos jamás habríais pecado. Pero, dado que os empeñáis en ver lo que no es, vuestro pecado continúa ahí.

El ataque resultó frontal, a pesar de que Jesús supiera que no causaría ningún efecto a los agredidos verbalmente. Sin embargo, los humildes de corazón lo comprendieron perfectamente.

La magia de una palabra

Una tarde que Jesús y sus discípulos se encontraban solos, aquél pretendió iniciar un juego muy común en otros maestros orientales:

-¿Realmente quién creéis que soy yo? -preguntó

Nadie quiso mantenerse callado; pero unos contestaron que era Juan; otros, que Elías; y unos terceros, que Jeremías. Siempre dándole la personalidad de un profeta. No hay duda de que les había faltado reflexión. Esto trajo consigo que el Maestro volviera a inquirir:

-¿Pero de verdad sabéis quién soy yo?

Entonces se fue a tropezar con el silencio, porque todos los que le rodeaban parecían amedrentados, dando idea de que temían comprometerse. Hasta que Pedro, por algo era el más impulsivo, respondió:

-¡Tú eres el verdadero Mesías!

"Mesías". Una palabra llena de magia, que encerraba un significado infinito. Jesús miró a Pedro; y se diría que no le estaba viendo. Porque la realidad acababa de transformar un simple juego en una evidencia: el poco tiempo que faltaba para las horas finales.

No obstante, después de recuperar su estado de ánimo habitual, el Hijo del Hombre tendió sus brazos sobre Pedro para bendecirlo de una forma solemne:

-¡Bienaventurado eres, Pedro, hijo de Jonás, porque mi condición no te la ha revelado carne, ni sangre, sino mi Padre que está en los cielos!

Nunca había dedicado a sus discípulos un elogio como éste. Lo curioso es que tardó muy poco el Maestro en recuperar la seriedad, pidió a todos que mantuvieran en silencio lo que acababan de escuchar y, por último, decidió que llevaban mucho tiempo en Galilea, por lo que debían volver a Jerusalén.

Un leve estremecimiento dominó a los que le escuchaban, aunque ni siquiera Pedro se atrevió a recordar que iban a introducirse en el cubil de las fieras. Allí donde los judíos de la burguesía guardaban algo más que piedras contra Jesús.

El mensaje se hizo cada vez más profético

Jesús no dejó de predicar allí por donde pasaba; pero su mensaje se iba haciendo hermético y profundo. Acaso más humano que nunca a pesar de resultar tan dramático:

-Si alguien desea seguirme, deberá negarse a sí mismo, armarse de sacrificio y mirar hacia delante. Porque todos los que quieran salvar la vida lejos de mí, la perderán; y cada uno de los que perdieran la vida por seguirme, la salvarán. ¿De qué le serviría al hombre ganar el mundo entero si perdiera su alma? ¿No os parecería que todo es poco por salvar vuestra alma? De verdad os digo que quien se avergonzara de mí, también lo estaría haciendo del Hijo del hombre, lo que pagaría cuando llegue la gloria de su Padre con los santos ángeles. Tened presente que algunos de los que estáis aquí no sentiréis el gusto de la muerte hasta que no comprobéis el esplendor del reino de los cielos.

Jesús ya estaba hablando como los profetas: combinando las promesas con las amenazas. Pronto su mensaje más repetido sería:

"¡El que no está conmigo, está contra mí!"

Una clara advertencia para quienes le acompañasen hasta el momento final. Amargo compromiso sin vuelta atrás. Jesús y sus discípulos se encontraban ante la gran disyuntiva, a pesar de que éstos últimos la desconocieran en sus formas, pero no dejaban de presentirla.

Jesús desafió a su destino

Una mañana que Jesús se encontraba en la sinagoga de Cafernaum rodeado de cientos de personas, no le importó presentarse como el Mesías ante el mismo sacerdote, que se hallaba en la primera fila:

-Yo soy el pan de la vida; todos los que a mí vienen nunca sentirán hambre, y los que creen en mis palabras, jamás padecerán de sed. Pues he bajado del cielo, no para hacer mi voluntad, sino para seguir la de mi Padre, que me envió. Y ésta es la voluntad de mi Padre: que todo aquél que vea al Hijo y crea en él, obtenga la vida eterna, porque será resucitado en el último día.

Los fariseos que le escuchaban se miraron con gesto de complicidad, porque acababan de escuchar otra de las blasfemias del hijo de José y María, el humilde matrimonio de Nazaret, que malvivían de la carpintería. ¿Cómo quien se consideraba el Mesías no se había preocupado de ellos?

Entonces los discípulos se mostraron inquietos, debido a que estaban viendo las reacciones de los enemigos. Jesús quiso darles aliento con estas palabras:

-¿Qué hay de malo en lo que digo? ¿Cuál sería vuestra reacción al ver que el Hijo del hombre sube donde se encontraba primero? El espíritu es el que da la vida; la carne de nada sirve en esos momentos. Las palabras que yo pronuncio ahora son espíritu y vida. Pero hay algunos de vosotros que no me creen.

Aquellos que nunca le seguirían por muchos milagros que le viesen realizar, se cuidaron de mandar nuevos informes al Sanedrín. También a Herodes, el cual llevaba algunos meses convencido de que en Jesús se había materializado la voluntad agresiva de Juan el Bautista. Ya eran muchos los que querían matar al revolucionario.

Una amenaza que no podía asustar al Mesías, porque era capaz de ver lo que iba a suceder muchos años más tarde:

-¡Jerusalén!, ¡Jerusalén!, que asesinas a los profetas, y apedreas a los que a ti son enviados, ¿cuántas veces quise recoger a tus hijos, como la gallina recoge a sus polluelos bajo las alas, y tú no lo has querido? He aquí que vuestra casa va a quedar desierta. Y si os digo: en breve ya no me veréis más, hasta que, reconociéndome como Mesías, digáis: Bendito sea el que viene en nombre del Señor.

Una forma premonitoria de anunciar lo que iba a suceder muy pronto, cuando llegase a esa ciudad donde "desde siempre" habían ocurrido las grandes tragedias de Israel. Pero la que esperaba iba a ser la más terrible.

CAPÍTULO X

DÍAS DE ALELUYAS Y DE FATÍDICAS SOMBRAS

"¡El rey de Jerusalén!"

Era domingo cuando Jesús salió de Betania con sus discípulos y subió por el Monte de los Olivos. En las proximidades de Betfagué, el Maestro dijo a dos de los más fieles:

-Acercaos a aquella aldea. En la primera casa veréis un pollino y una asna atada a una cerca. Soltad los dos animales y traedlos aquí. Si alguien os dijera algo, limitaros a exponer: "Los necesita el Señor." Esto resolverá el asunto.

En realidad se estaba respetando la profecía de Zacarías, ya que anunció la llegada del Rey prometido de Dios entrando en Jerusalén "sobre un animal plenamente desarrollado, hijo de una asna". También el rey Salomón montaba en un animal similar en el momento de ser ungido como soberano de Israel.

Mientras tanto, en Jerusalén se celebraba la Pascua. Nunca se había visto tanta gente en sus calles y alrededor de la puerta principal. Por todas partes se extendían las tiendas de los comerciantes, las columnas humanas desplazándose de un lado a otro llevando ramas de moral y de higuera o palmas que habían arrancado en los laterales del camino. Millares de voces altas, en ocasiones cantarinas y las más rientes. Nadie evitaba el baile y el saludo ruidoso. Una melopea de diversión, de fiesta para olvidar las tristezas de todo un año de calamidades...

Súbitamente, de entre la multitud brotaron una veintena de galileos, a los que acompañaban sus mujeres. Se mostraban los más bulliciosos. Al principio nadie se fijo en ellos, hasta que comenzaron a llamar la atención de los que llegaban a la ciudad, y éstos alertaron a los demás.

De esta manera miles de ojos fueron obligados a fijarse en alguien que venía montado en una asna. Iba vestido con un manto blanco, y a pesar de ir manchado de polvo ofrecía una imagen tan impresionante como la de un soberano. Ya nadie le extrañó que los galileos le recibieran con cientos de palmas y ramos, además de con estos cantos:

-¡Bendito sea el que viene en el nombre del Señor! ¡Con todo nuestro corazón te bendecimos!

Éste era el himno llamado el Gran Hallel, que se cantaba en la sinagoga, mientras se giraba alrededor del altar mostrando el nuevo ramaje, en honor del hijo de David. Los judíos más creyentes se alarmaron; no obstante, las voces habían cambiado de canto:

-¡Alégrate, hija de Jerusalén! ¡He aquí que tu Rey viene a ti, en su papel de justo y salvador, humilde y cabalgando sobre una asna!

Entonces desaparecieron las críticas y las risas, debido a que el júbilo de los galileos era contagioso. Además, ya se había corrido la voz de quien llegaba era Jesús el Nazareno, el que hacía tantos milagros. Así fueron miles los brazos que levantaron los ramos y las palmas, a la vez que "reventaban" las gargantas entonando:

-¡Bendito el que viene en nombre del Señor! ¡Paz en el cielo y gloria en las alturas! ¡Hosanna, Aleluya!

La Verdad de los humildes

Algunos de los fariseos se sintieron ofendidos al ver y escuchar a la muchedumbre. Por este motivo mientras contemplaban el paso de Jesús le gritaron:

-¡Manda callar a los galileos y a tus discípulos!

-¡Si ahora silenciara a quienes me reciben, las piedras clamarían su protesta! -replicó el Mesías.

124

El fervor popular no se silenció hasta muy entrada la tarde. Un auténtico rey de seres humanos no hubiera sido recibido de aquella forma tan espontánea.

Triunfal entrada de Jesús en Jerusalén.

Un momento para que el agasajado se sintiera muy triste. Lágrimas acudieron a sus ojos al imaginar la destrucción de la orgullosa Jerusalén casi cuarenta años más tarde (exactamente en el 70 d.C.). Todavía con la congoja pesando en su ánimo entró en el templo, como hacía siempre que llegaba a una ciudad. Pronto se vio rodeado de ciegos y cojos, a los que sanó con sólo ponerles las manos o hablarles. Y los curados gritaron su agradecimiento:

-¡Bendito sea el Hijo de David!

-¿Cómo se atreven a bendecir a un pecador? -exclamó su pregunta uno de los principales sacerdotes.

-¿De qué te asombras, hombre sin fe? -replicó Jesús-. Como se ve que nadie te ha enseñado que de la boca de los niños y de los humildes siempre se escucha la Verdad.

Los enemigos se alejaron, y el Maestro pudo continuar sus enseñanzas. Cuando ya caía la tarde, decidió regresar a Betania. Quizá pasara la noche en casa de Lázaro.

El tiempo apremia

Nunca se había mostrado Jesús tan activo como en aquellos tiempos. Por mucho que le alertaran sus discípulos sobre los peligros que corrían encontrándose en las proximidades de Jerusalén, no dejaba de ir hasta allí.

Una mañana sintió hambre mientras caminaba por un bosque, donde la naturaleza parecía haber adelantado el crecimiento de las plantas y los árboles. Mientras se acercaba a un higuera, quiso probar algunos de sus frutos tan apetitosos, pues la cantidad de hojas hacía suponer que debajo se encontraría lo deseado. Sin embargo, no fue así. Entonces Jesús actuó de una forma muy singular:

-Jamás comerá nadie de ti -castigó al árbol.

En aquel momento la higuera se quedó totalmente seca; y así permanecería durante muchos años. Como el primer testimonio de lo negativo que iba a ser, desde aquel momento, todo lo relacionado con Jerusalén y las tierras que la rodeaban.

Poco después, en el templo Jesús debió expulsar a los mercaderes, como hiciera en sus primeros tiempos de predicación, porque estaban profanando la "casa de su Padre". En seguida los perjudicados fueron en busca de los sacerdotes, cuya ayuda inmediata exigieron.

Algunos propusieron matar a Jesús, lo que otros consideraron imposible porque todo el pueblo se levantaría contra el poder establecido. Teniendo en cuenta el recibimiento del domingo, era fácil suponer que si el Nazareno se lo proponía podía nombrarse rey de Jerusalén. Hasta tal punto llegaba el miedo de los enemigos.

Continuaron los desafíos

A la mañana siguiente Jesús volvió al templo, donde los mercaderes se habían limitado a instalarse en las cercanía, pero sin vocear el género ni realizar la matanza de las reses del sacrificio. No obstante, los escribas se hallaban al acecho dispuestos a continuar los desafíos que compartían con los fariseos y otros burgueses. De esta manera esperaron que el Nazareno hiciera una pausa en una de las predicaciones, para preguntarle con una gran perversidad:

-¿Qué autoridad te atribuyes para comportarte como el defensor de las costumbres religiosas?

El Hijo del hombre aguardaba el ataque, de ahí que replicase invirtiendo el interrogante:

-Yo también quiero que me expliquéis una conducta vuestra. En el caso de que lo hicieseis, yo os contestaría con qué autoridad actúo. ¿De dónde provenía el bautismo de Juan: del cielo o de los hombres?

Los escribas se vieron cogidos entre dos fuegos, debido a que la opción que eligieran les iba a colocar en un compromiso. Al final respondieron:

-No sabemos.

-Entonces yo no os expondré en qué autoridad me apoyo cuando tomo mis decisiones -dijo Jesús, dándoles la espalda.

Poco más tarde, contó la parábola del buen hijo y del mal hijo. El padre ordenó a uno de ellos: "Ve a trabajar a nuestra viña." El aludido replicó: "No puedo." Sin embargo, sintiéndose arrepentido terminó por cumplir la orden. El mismo encargo se le hizo al otro hijo, el cual respondió con una afirmación, cuando en realidad no pisó la viña. ¿Cuál de los dos cumplió la voluntad de su padre?

-El primero -contestaron los escribas.

-¡En verdad os digo que los publicanos y las rameras os van delante en el reino de Dios! Pues vino a vosotros Juan, para enseñaros el camino de la justicia, y no le creísteis. ¡Pero los publicanos y las rameras creyeron en él!

El pueblo le había escuchado con respeto. Mientras tanto, los enemigos le contemplaban con una mezcla de odio y de satisfacción, ya que al insultarles en público estaba cayendo en la trampa que le habían tendido.

Obstinados en provocarle un error mortal

Los fariseos y los herodianos (seguidores de Herodes Antipas) creyeron haber encontrado la forma de provocar que Jesús cometiese un error mortal. Jerusalén contaba con un gobernador romano: si conseguían que hablase en contra del poder establecido, ya contarían con una prueba condenatoria. Para llevar a cabo sus planes pagaron a unos jóvenes, a los que vistieron con ropas de galileos. Y éstos no tardaron en formular la maligna pregunta:

-Maestro, todos los que te venimos escuchando sabemos que amas la verdad y que eres sincero al enseñar el camino de Dios, sin preocuparte de otra cosa que no sea la razón. Dinos, ¿es lícito o no pagar tributo al César?

-¡Hipócritas! ¿Por qué venís a tentarme? Mostradme la moneda del tributo -exigió Jesús, sin rehuir el peligro a pesar de que nada supiera de impuestos.

Los jóvenes le mostraron un denario romano, a la vez que reían por dentro al haber conseguido enfurecer a quien debían coger en falta.

-¿De quién es esa imagen y lo que encima aparece tan borrosamente escrito?

-Del César.

-Entonces pagar al César lo que es del César, y a Dios lo que es Dios.

La respuesta fue tan hábil y sincera, que los farsantes debieron marcharse enrojecidos de vergüenza. No obstante, su fracaso sirvió de acicate para montar otra añagaza, la cual se pudo escuchar al día siguiente en el mismo templo de Jerusalén:

-Maestro, no hemos podido olvidar lo que nos hablaste sobre la resurrección. Esto ha conseguido que nos planteemos el caso siguiente: siete hermanos se llegaron a casar, a medida que iban falleciendo los mayores, con la misma mujer. Con ninguno ésta tuvo hijos. Pero, cuando falleció, terminó encontrándose en el cielo con sus esposos. ¿A cuál de los siete debería considerar su esposo, si los había pertenecido a todos en vida?

Jesús ante los jóvenes que le enseñaban la moneda de César.

-¿Por qué sonreís, ignorantes? Si conocierais mejor las Escrituras, jamás me habríais formulado la pregunta. Cuando llegue la resurrección, los hombres no necesitarán esposa, ni las mujeres marido. Porque todos ellos se transformarán en ángeles de Dios. Y en lo que se refiere a la resurrección de los muertos, ¿no fue dicho por el Señor: Yo soy el Dios de Abraham, el de Isaac y el de Jacob? Porque el Señor no es Dios de muertos, sino de vivos.

Los sacerdotes y demás conocedores de los libros sagrados quedaron anonadados, porque todo lo que acababan de escuchar respondía a la letra escrita en los mismos. Algo que demostraba la ciencia religiosa propia de un sabio. No podían acusarle de blasfemo. Pero debían insistir en sus agresiones verbales:

-Maestro, ¿cuál es el primero de los diez mandamientos?

-Escúchame bien, Jerusalén: el Eterno, nuestro Dios, uno es, y deberás amar a tu Señor con todo tu corazón y toda tu alma y todas tus fuerzas. Éste es el primer mandamiento. El segundo es muy similar: Amarás a tu prójimo como a ti mismo. No hay mandamiento superior a éste.

¿Jesús quiso provocar el ataque definitivo?

Como último recurso los fariseos recurrieron a una mujer que había sido detenida por adúltera. La sacaron de la prisión y la llevaron a las cercanías del templo, donde se encontraba Jesús con sus discípulos.

-Maestro, esta mujer ha sido sorprendida en el lecho cometiendo un delito de adulterio -dijo el que encabezaba el grupo-. Las leyes de Moisés mandan que la lapidemos. ¿Tú que opinas?

-¡Que aquél de vosotros que esté libre de pecado arroje contra ella la primera piedra!

En seguida la infeliz se vio libre, gracias a que sus carceleros se sintieron tan humillados por la réplica de Jesús que escaparon de allí. Seguro que dispuestos a preparar otra trampa.

-¿Dónde se encuentran los que te acusaban, mujer? -preguntó el Hijo del hombre-. ¿Acaso ninguno de ellos te ha condenado?

-Ninguno, señor.

-Yo haré lo mismo. Vete, y no peques más.

Serena forma de resolver un grave problema. Días más tarde, en el templo mostró otra actitud muy diferente, acaso queriendo provocar el ataque definitivo de sus enemigos. Entre los centenares de oyentes se encontraban algunos de aquéllos, y contra ellos lanzó sus dardos verbales:

-En la cátedra de Moisés tomaron asiento los escribas y los fariseos. Por este motivo debéis obedecer todo lo que os digan; pero nunca imitéis sus obras, debido a que ellos no practican lo que predican. Acostumbran a echar cargas muy pesadas sobre los demás, negándose a prestar ayuda a los que se agotan de tanto soportarlas. Todo lo realizan para ser vistos por los hombres, cubriéndose de joyas y prolongando los flecos de sus mantos. Y siempre buscan los primeros asientos en los banquetes, los puestos principales en las sinagogas y exigen los saludos iniciales en las plazas. No vacilan en imponer que se les dé el trato de Rabí (Maestro) aunque no lo merezcan. Pero, ¡ay de vosotros, hipócritas!, que atrancáis a los demás las puertas del reino de los cielos, porque vosotros sabéis que nunca podréis atravesar las mismas.

"Cuando escucháis que alguien jura en el templo, le disculpáis; pero si lo hace por el oro del templo, entonces le reclamáis el pago de la deuda. ¡Insensatos y ciegos! ¿Qué es mayor: la ofrenda o el altar que santifica la ofrenda? ¡Ay de vosotros, escribas y fariseos, cínicos, que arrasáis con la menta y el comino; y olvidáis lo más importante de la ley, como es la justicia, la misericordia y la fe! Esto es lo que debíais practicar en lugar de lo otro. ¡Ciegos conductores, que filtráis el mosquito y dejáis pasar el camello! Limpiáis lo que se encuentra fuera del vaso y del plato, a la vez que el interior lo dejáis lleno de delitos e injusticias. ¡Fariseos ciegos, mantened limpio el vaso y el plato, para que quede limpio todo lo que se halla dentro. ¡Parecidos sois, de verdad, a unos sepulcros blanqueados, que por el exterior aparecen bellos; sin embargo, en su interior se encuentran llenos de osamentas y podredumbre! De esta manera aparecéis, por fuera, delante de los hombres; pero, por dentro, estáis repletos de hipocresía e iniquidad. Levantáis tumbas a los profetas, y decís: De haber vivido en la época de nuestros padres, nunca habríamos sido cómplices cuando se derramó la sangre de los profetas. También rebasáis la medida de vuestros padres. ¡Serpientes, generación de víboras!, ¿cómo os salvaréis del juicio en el infierno?"

El contraataque resultó tan agresivo, que los aludidos creyeron que ya contaban con las suficientes pruebas incriminatorias. Por eso corrieron hasta el Sanedrín, donde Nicodemo y sus amigos ya nada podrían hacer para impedir la venganza.

La generosidad de la viuda

Jesús y sus discípulos estaban a punto de abandonar el templo, cuando fueron detenidos por una escena de las que estremecen el alma. Las gentes se encontraban alrededor de los trece cepillos, que allí se colocaban para las limosnas. Un gran número de hombres vestidos con ropas lujosas estaban pidiendo las monedas a sus esclavos, para que todos vieran lo que iban a entregar. Mientras tanto, una pobre mujer, vestida con ropas de luto limpias pero remendadas, esperaba que le dejaran un sitio para depositar sus monedas, que procuraba esconder. Finalmente, pudo depositarlas. Entonces se comprobó que eran dos monedas de plata. Este comportamiento mereció que el Maestro le dedicara el siguiente comentario:

-En verdad os digo que la pobre viuda ha entregado más que todos los otros, pues éstos han dado parte de lo que les sobraba, al mismo tiempo que hacían ostentación de su falsa generosidad, mientras que a ella no le ha importado hacerse más pobre. Su generosidad ha sido tan sincera y limpia que le será ampliamente recompensada.

Frente a la falsa vanidad

A pesar de que la tragedia final se hallara cada vez más cerca, se diría que los seguidores de Jesús andaban preocupados por unas cuestiones superfluas. En algunos casos sin darse cuenta de que estaban cayendo en una falsa o inútil vanidad.

Un día Salomé, la madre de los discípulos Jacobo y Juan, presentó esta exigencia:

-Maestro, debes preparar las cosas para que mis dos hijos se sienten a tu derecha y a tu izquierda en el momento que os encontréis en el reino de los cielos.

-¿Te das cuenta de lo que me pides, mujer? ¿Crees de verdad que cualquier hombre puede beber en mi mismo vaso? -Viendo que los interesados movían la cabeza con unos gestos afirmativos, debió añadir-: En verdad que no me corresponde a mí la decisión de sentaros a mi derecha o a mi izquierda, ya que es cosa de mi Padre celestial.

Al día siguiente, los discípulos se enzarzaron en una discusión absurda, ya que pretendían saber quién de ellos sería considerado el más grande en el reino de los cielos. Jesús debió resolver la situación con estas palabras:

-Los reyes de la tierra dominan a las gentes y obtienen provecho incontroladamente, y los que socorren a los oprimidos son llamados bienhechores. ¡Pero vosotros queréis superiores méritos! Mejor sería que el mayor entre vosotros se considerara el último del grupo, lo mismo que el gobernante es igual a sus servidores. Pues, ¿quién puede considerarse superior si nos fijamos en el que se sienta a la mesa y el que le sirve? ¿No lo es el que se sienta a la mesa? Sin embargo, yo me considero el servidor de todos vosotros.

Grandiosa muestra de humildad, una prueba rotunda de la igualdad absoluta entre todos los seres humanos. El gobernante y sus servidores eran iguales ante Dios, porque lejos de la tierra desaparecían las diferencias sociales al primar el comportamiento moral. La Verdad de Jesús parecía muy sencilla; sin embargo, sus discípulos necesitarían verle morir en la cruz para comprenderla definitivamente. Mientras tanto, seguirían atados a las pequeñas vanidades. Y en un caso excepcional esta inclinación desencadenaría la peor de las traiciones...

Jesús era el juez divino

Una tarde que se hallaban en Betania, Jesús aprovechó la sobremesa para hablar a sus discípulos con un ímpetu similar al de los primeros tiempos:

-Llegará el gran momento, cuando todas las tribus de la tierra verán el Hijo del hombre aparecer sobre las nubes, con inmenso poder y gloria. Y mandará a sus ángeles con estruendosa voz de trompeta, y éstos seleccionarán a los escogidos entre los cuatro vientos, de un extremo a otro del cielo. De verdad os digo que no terminará esta generación sin que esas cosas dejen de acontecer. El cielo y la tierra pasarán, pero mis palabras no pasarán. Y cuando el Hijo del hombre venga, y junto a él todos los ángeles, se sentará en el trono de su gloria. Y serán reunidas delante de él todas las gentes, para que aparte las unas de las otras, como separa el pastor las ovejas de los machos cabríos. Y colocará a su derecha a las ovejas, y a la izquierda a los machos cabríos. Entonces el Rey dirá a los que se encuentran a su derecha: "Venid, benditos de mi Padre, y heredad el reino que ha sido preparado para vosotros desde la creación del mundo. Pues sentí hambre, y me disteis de comer; sentí sed, y me disteis de beber. Además, todo lo que hicisteis a uno de mis hermanos pequeños, a mí me lo hicisteis."

Se acababa de mostrar como un juez divino, el más justo e imparcial. Todos los que se hallaban a su alrededor le creyeron, menos uno, Judas, que llevaba cinco días dudando, precisamente desde que llegaron a Jerusalén

CAPÍTULO XI

MOMENTOS DE ANGUSTIA INFINITA

Un bálsamo perfumado para el Mesías

Súbitamente, entró allí una mujer muy hermosa. Algunos la compararon con María Magdalena en los momentos que ejercía de prostituta, por eso no la obligaron a salir de allí. Confiaban que esta decisión la tomase Jesús. Por cierto, ella quería encontrarse cerca de quien consideraba el verdadero Mesías. Se aproximó a él, sacó una redoma de perfume, y le echó el contenido en la cabeza para ungirle.

Todos asistieron a la escena en silencio, impresionados. Sólo Judas se levantó para criticar lo que estaba sucediendo:

-¿Por qué no se ha vendido este perfume? Nos hubieran podido pagar por él trescientos denarios, que hubiésemos repartido entre los pobres.

Jamás se había dado este enfrentamiento entre discípulo y Jesús. Los dos se miraron como si acabara de romperse todo vínculo entre ellos; sin embargo, el más sabio no dejó de mostrarse tranquilo, mientras que el otro manifestaba el desconcierto de quien comprende que se acaba de exceder. Una conducta que mereció un dulce reproche:

-¿Por qué ofender a una mujer? Está haciendo conmigo una buena obra. Pues siempre habrá pobres a vuestro alrededor, pero a mí no me tendréis siempre a vuestro lado. Al derramar este perfume sobre mí, me ha ungido para la tumba. -Muy conmovido se giró hacia ella y dijo-: En verdad os digo que allí donde mi evangelio sea predicado, no dejará de recordarse lo que está mujer ha hecho conmigo.

Judas o "el que había vivido"

Mucho se ha escrito sobre Judas. Ahora sabemos que era el mayor de todos los discípulos, uno de los últimos que se unió a Jesús y el que más había vivido. Perteneció a la burguesía, estuvo relacionado con varias mujeres, disfrutó de una existencia cómoda y cometió varios pecados de codicia, lujuria y falta de piedad. Errores en los que habían caído otros de los discípulos; y de los que había sido perdonado gracias a un sincero arrepentimiento.

Se cree que marchó detrás de Jesús fascinado por su forma de hablar, los prodigios que realizaba y la imagen de pureza que ofrecía en todo momento. Podríamos resumirlo diciendo que "suponía el sueño inalcanzable de Judas". Sin embargo, todo el hechizo ocurrió en las tierras de Galilea, donde este personaje había llegado huyendo de su vida pasada, acaso por culpa de una gran frustración.

Una frustración que con el paso del tiempo se fue aliviando. Cuando Judas se encontró en Jerusalén, que era el lugar donde se había criado, los placeres de la ciudad, unido a las promesas de los viejos amigos, le arrastraron a la traición.

Hay quien ha querido ver una especie de despecho, porque sus decisiones respecto al uso del dinero de la "comunidad" no se estaban respetando. Pero esta razón nos parece muy débil, lo que nos lleva a creer más en la anterior: lentamente sintió que los suyos eran los fariseos de Jerusalén y no Jesús y sus seguidores.

Treinta monedas por Jesús

Los enemigos de Jesús no encontraban la manera de seguirle atacando, debido a que habían fracasado con sus agresiones verbales. Todos los miembros del Sanedrín se hallaban reunidos para deliberar sobre la manera de librarse de aquel revolucionario. Al día siguiente finalizaba la semana de Pascua; y si el pueblo de Jerusalén continuaba oyendo tantos insultos contra el poder establecido, existía la posibilidad de que se levantaran en armas. Esto debía ser abortado de cualquier manera. Pero, ¿cómo?

De repente, uno de los sacerdotes fue informado de que un amigo suyo, que decía llamarse Judas Iscariote, quería ser recibido por el Sanedrín. Y no pudo contener un grito de victoria.

-¡Tenemos ante esta puerta al hombre que va a entregarnos a Jesús! ¡Es uno de sus discípulos!

El traidor entró allí con paso seguro, se colocó en el centro de la sala y con una voz muy cruel preguntó:

-¿Qué me pagaréis si os lo entrego?

Judas vendió a Jesús por un montón de monedas.

-Treinta monedas de plata -propuso el más astuto de los jueces, porque conocía a quien traicionaba por despecho.

Mientras se entregaba la bolsa del dinero, todos los componentes del Sanedrín, excepto Nicodemo y sus aliados, se felicitaban mentalmente: el hecho de que fueran a detener al Nazareno gracias a la traición de uno de sus discípulos suponía la prueba incriminatoria definitiva.

De esta manera se fue a cumplir lo que anunciaba el salmo profético: "Aquél en quien confiaba y comía mi pan, alzó contra mí su calcañal."

Los primeros momentos de la Última Cena

Jesús estaba dispuesto a celebrar la cena de la Pascua, pues era un acontecimiento ineludible, al conmemorarse la salvación de los primogénitos durante el tiempo que el pueblo judío se hallaba cautivo en Egipto. En vista de que todos estarían juntos durante mucho tiempo dentro de una casa de Jerusalén, se adoptaron todas las precauciones.

En este punto dispondremos de una perfecta imagen de lo que iba a suceder siguiendo el texto de Jean-Paul Roux, que hemos recogido de su obra "Jesús de Nazaret":

Al llegar la noche, cuando todo estuvo dispuesto, Jesús se puso a la mesa con los Doce y les dijo: "Ardientemente he deseado comer esta Pascua con vosotros antes de padecer, porque os digo que no la comeré hasta que sea cumplida en el reino de Dios." Y, tomando el cáliz que se bebía ritualmente para inaugurar la comida, después de que el padre lo hubiese bendecido y mojado en él sus labios, lo presentó a sus discípulos y les dijo: "Tomadlo y distribuidlo entre vosotros; porque os digo que desde ahora no beberé del fruto de la vid hasta que llegue al reino de Dios." Palabras misteriosas y terribles, porque esa copa de vida en la que se mezclan unas gotas de agua, era la beatitud celestial que cantaban los salmos: "Mi cáliz rebosa", y que cantarían hasta nuestros días los místicos del mundo ente-

ro. ¿No volvería Jesús a beber la copa de la dicha? Padecería hasta el final de los tiempos, en el altar de la misa, ese su sacrificio constantemente renovado.

Era costumbre establecida lavarse las manos antes de comer y, para protestar contra el legalismo, los discípulos muchas veces dejaban de hacerlo. Esa infracción destaca aún más en el lavatorio de los pies. Por supuesto, detrás de esa ceremonia está presente el simbolismo del pie y, más concretamente, la evocadora idea de que éste deja su huella en el camino, bueno o malo, que se ha escogido, y lleva al mismo tiempo, así como los zapatos conservan el barro o el polvo de los senderos, la señal de los lugares por los que se ha pasado. El agua que se derrama sobre él borra, junto con las señales que han dejado, todas las acciones impuras del hombre. Sin embargo, como explica el propio Jesús, la lección moral parece aquí más importante. Deseando humillarse ante los apóstoles, enseñarles que los más grandes han de estar al servicio de los más humildes, lo que constituye el fundamento mismo de toda monarquía. Jesús se quitó los vestidos y, ciñéndose una toalla, echó agua en una jofaina como lo habría realizado un esclavo, y comenzó a lavar los pies de sus discípulos y a secárselos con la toalla que llevaba en la cintura.

Todos guardaban silencio, sin duda alguna anonadados. Pero Pedro, que era de temperamento impetuoso y de espíritu poco místico, exclamó: "Señor, ¿tú lavarme a mí los pies?" Respondió Jesús: "Lo que yo hago, tú no lo sabes ahora; lo sabrás después." Díjole Pedro: "Jamás me lavarás tú los pies." Le contestó Jesús: "Si no te los lavare, no tendrás parte conmigo." Simón Pedro le dijo: "Señor, entonces, no sólo los pies, sino también las manos y la cabeza." Jesús le dijo: "El que se ha bañado no necesita lavarse, está todo limpio; y vosotros estáis limpios; pero no todos." Cuando hubo terminado, tomó sus vestidos y volvió a sentarse a la mesa. Empezaron a comer.

Jesús había declarado: "Estáis limpios, pero no todos." Y, pensando en la traición de Judas, se sentía turbado. Les dijo:

"En verdad, en verdad os digo que uno de vosotros me entregará." *Los discípulos se miraban unos a otros sin saber de quién hablaba...*

Judas fue señalado por Jesús

La mesa de la Ultima Cena era tan baja que todos los comensales podían comer echados, sin necesidad de incorporarse. Por lo general se comenzaba el banquete con las hierbas amargas y, después, se tomaba el *kharoset* (compota de frutas). Todos ello acompañado de rezos de acción de gracia. Seguidamente era retirada la mesa, para que se sirviera una copa de vino aguado de la que todos bebían. Al final, se volvía a colocar la mesa, que ya traía los panes ázimos.

Jesús tomó uno de éstos, lo partió en unos pedazos y, cogiendo uno, exclamó:

–¡Alabado sea el que hace brotar el pan de la tierra!

Seguidamente, envolvió el pedazo de pan con hierbas amargas, lo mojó en el *kharoset* y se lo comió. Luego volvió a rezar una plegaria. En aquel momento se trajo el cordero pascual. Mientras los discípulos introducían sus manos para coger un pedazo de carne, el Mesías dijo:

–Uno de los doce que conmigo comen de la fuente me ha de entregar. Y en verdad que el Hijo del hombre cumplirá lo que se halla escrito; pero ¡ay de aquél por quien el Hijo del hombre es entregado!, que mejor le fuera no haber nacido.

Un estremecimiento de terror cubrió a todos los discípulos, pero se hizo más agudo en Judas. En seguida surgió la pregunta de los inocentes:

–¿Soy yo acaso, Señor?

Cuando la formuló el culpable, seguramente que en forma de susurro, Jesús le contestó:

–Tú lo has dicho.

Entonces Juan, que tenía la cabeza reclinada sobre el pecho del Maestro, inquirió:

–Señor, ¿quién es?

-Aquel a quien yo mojare y daré un bocado.

Humedeció un trozo de pan en el vino y, en seguida, se lo entregó a Judas, al mismo tiempo que le decía:

-Lo que has de hacer resuélvelo lo antes posible.

A partir de este momento hemos de suponer que los otros once discípulos no se dieron cuenta de lo que acababa de suceder, porque resulta increíble que no saltaran sobre el traidor. Quizá este último diálogo se hiciera en susurros, que los demás fueron incapaces de escuchar. El hecho es que Judas escapó de allí.

La Última Cena.

La primera Eucaristía

Si nos atenemos a los cuatro evangelios oficiales es difícil situar en qué momento de la Última Cena se materializó la primera Eucaristía. Nosotros vamos a colocarla después de la huida de Judas.

Jesús partió un pan y fue ofreciendo a sus discípulos los pedazos, al mismo tiempo que decía con su tono más dulce:

-Tomad y comed: éste es mi cuerpo.

Poco más tarde llenó de vino una copa, la levantó hasta la altura de su rostro y musitó con aire solemne:

-Ésta es mi sangre, la sangre del nuevo pacto, que será derramada por todos vosotros. En verdad, en verdad os digo que si no coméis la carne del Hijo del hombre y no bebéis su sangre, no tendréis vida en vosotros. El que come mi carne y bebe mi sangre tiene la vida eterna y yo le resucitaré el último día.

Seguidamente, Jesús compartió el vino o "su sangre" con todos los discípulos. De esta manera quedó instaurada la Eucaristía.

Subida al Monte de los Olivos

La noche sonaba y olía a fiestas caseras. Jerusalén celebraba la Pascua dentro de los hogares. Por este motivo el Monte de los Olivos se hallaba desierto, en una oferta de tranquilidad para quienes decidieran visitarlo. Jesús y sus discípulos lo hicieron en silencio, sobrecogidos. Y es que se estaba produciendo otra transfiguración: el rostro del Maestro había empalidecido, sus ojos se elevaban al cielo y un temblor firmemente retenido le obligaba a caminar casi rígido. Algunas gotas de sudor aparecieron en su frente.

Pero, antes de que le preguntasen qué le estaba sucediendo, consiguió sobreponerse. Con una expresión muy grave formuló esta pregunta:

-¿Echasteis a faltar algo cuando os envíe por las ciudades sin bolsas, alforjas y calzado?

-Nada, Maestro -respondieron todos.

-Pues el de vosotros que tenga una bolsa, que vaya a recogerla. Y si sólo poseyera un manto, que lo venda para comprar una espada.

Esta propuesta dejó a todos estupefactos, igual que si hubieran sido sorprendidos en el momento que empezaban a pensar que les convenía ir armados. Como dos de ellos ya se habían anticipado, dijeron muy animosos:

-¡Nosotros tenemos nuestra espada, Maestro!

En aquel instante, Jesús se dio cuenta de su error, porque se había dejado llevar por un último deseo de oponer resistencia. Cuando ya no existía ninguna posibilidad de alterar el curso de su destino. Y con una voz que intentaba ser dulce aconsejó:

-Olvidemos la violencia. -Lo único que le preocupaba era la suerte de sus discípulos, a los que previno con esta intranquilizadora advertencia-: Todos vosotros seréis escandalizados por mi culpa durante esta noche, pues así quedó escrito: "Heriré al pastor y las ovejas serán dispersas"...

Al escuchar estas palabras, el impulsivo Pedro saltó para interrumpirle:

-¡Aunque todos sean escandalizados, yo nunca me dejaré arrastrar por el escándalo!

-En verdad te digo que esta misma noche, antes de que el gallo cante, me negarás tres veces.

-¡Aunque tuviese que morir contigo, no te negaré! -exclamó Pedro con firmeza.

La misma promesa formularon los demás discípulos. No obstante, cuando siguieron ascendiendo por el monte, sin dejar de superar zarzas y árboles en medio de la oscuridad, bastó que Jesús les pidiera que le dejasen solo para que le obedecieran. Únicamente habían tenido que escuchar esta especie de lamento:

-¡Mi alma se siente triste hasta la muerte! Quedaos aquí, pero velad conmigo.

La angustia de lo inevitable

Jesús avanzó unos pasos, se arrodilló con la frente apoyada en la tierra húmeda e imploró en su soledad:

-¡Padre, para quien todo es posible: aleja de mí este cáliz! Pero que se haga tu voluntad, y no la mía

Fue la llamada del hombre vulnerable al martirio, del adivino que le temía al dolor. Un chispazo tan angustioso que todo el cuerpo se inundó de escalofríos, las venas del cuello se le hincharon como si fueran a estallar y en la frente aparecieron unas gotas del sudor, que acaso en algunos momentos fueran de sangre. Ninguna muestra de rebeldía, y sí de obediencia suprema, de fidelidad al Padre.

Lentamente, la responsabilidad le fue vistiendo de entereza. Se incorporó dominado por la angustia de lo inevitable, abandonó su breve refugio y fue en busca de sus tres discípulos predilectos. Pronto los encontró dormidos. ¿Es posible que ese sufrimiento que a él le había parecido tan corto hubiese durado horas?

Pasó al lado de Juan y Jacobo, para despertar a Pedro, al que dedicó este reproche:

-Ni siquiera habéis podido velarme unos instantes.

De pronto, se escuchó un rumor de pasos y de armas. Entre la maleza relampaguearon los destellos de unas antorchas y unas linternas. Jesús comprendió lo que iba a suceder. Se adelantó unos veinte pasos, lo suficiente. La noche era oscura, los discípulos estaban durmiendo, pues Pedro no llegó a despertarse del todo cuando le llamó, por lo que no corrían ningún tipo de peligro.

El beso de Judas

Judas marchaba en cabeza de grupo armado con palos, estacas y alguna espada. Sus componentes habían sido reclutados de forma apresurada, arrancados de sus camas para que cumplieran una misión urgentísima. Eran servidores del Sanedrín, gentes que nunca hubiesen podido localizar a Jesús de no haber contado con la ayuda de quien conocía las costumbres de aquél y de los discípulos.

Para que el momento fuese más indigno, al traidor se le ocurrió esta especie de contraseña: saludar a Jesús con un beso y, a la vez, llamarle Maestro. Entonces los que le acompañaban

144

podrían apresarlo con la mayor facilidad. Y así represento la farsa macabra. Puso sus labios en la mejilla de Jesús y, acto seguido, exclamó:

-¡Salve, Maestro!

Pero éste reaccionó de una forma extraordinaria, sin ningún rencor al preguntar:

-Amigo, ¿a qué has venido aquí?

El hecho de que Judas hubiera sido llamado amigo desconcertó a toda la patrulla. El capitán que los mandaba se quedó inmóvil, con la espada en alto. Mientras tanto, Judas se había puesto más pálido que un cadáver, temblaba bajo el azote del remordimiento y se apreciaba que hubiese preferido no estar vivo... ¡Porque acababa de entregar a un inocente!

Jesús y sus discípulos en el Monte de los Olivos. (Dibujo de Rembrandt)

Sólo unos minutos de indecisión, que Pedro interrumpió con la fogosidad y la irreflexión del que se deja llevar más por el instinto que por la inteligencia. En su empeño por salvar a Jesús, saltó sobre uno de los soldados y le cortó una oreja con un tajo de espada. Pronto los aullidos de dolor provocaron la reacción de los otros armados. En seguida el Hijo del hombre fue detenido; mientras tanto, Pedro escapaba entre las sombras de la noche.

Y como algunos de los miembros de la patrulla sostenían las armas, a la vez que buscaban al agresor, Jesús les dijo con la entereza de quien ha asumido totalmente su destino:

-¡Devolved las espadas a las vainas, pues todo el que utilice la espada en este momento, por espada morirá!

La amenaza sonó tan firme, que se le hizo caso. Mucho más al escuchar estas otras palabras que nadie consideró salidas de la boca de un loco:

-¿Acaso creéis que no podría pedir a mi Padre que me enviase doce legiones de ángeles para que me defendieran de vosotros? ¿Pero cómo se cumplirían, entonces, las Escrituras? Igual que si fuerais a prender a un ladrón, con palos y espadas habéis venido hasta aquí. Sin embargo, cada día me sentaba con vosotros mientras enseñaba en el templo. ¿Por qué no me prendisteis entonces?

Nadie supo responderle porque no le comprendieron. En seguida fue sacado del Monte de los Olivos. Cuando los discípulos ya estaban despiertos; y ninguno salió en ayuda de su Maestro.

CAPÍTULO XII

EL GRAN ESPECTÁCULO DE LA PASIÓN

A merced de un anciano rencoroso

Jesús fue llevado al Sanedrín, un verdadero palacio insultante por hallarse repleto de tapices, mármoles, oro y otras riquezas. Algo impropio de unos jueces-sacerdotes que se consideraban servidores del pueblo de Israel. En cabeza de todos éstos se encontraba el anciano Annás, una auténtica momia en su aspecto centenario, pero con la inteligencia del patriarca que había ido concediendo el cargo de Sumo Sacerdote a sus cinco hijos, uno tras otro, cuidándose de retener en sus manos la suprema autoridad religiosa. Por aquellos tiempos su "heredero" era Caifás, un auténtico títere en manos de su padre, a pesar de contar setenta años y haber sido nombrado por los dominadores romanos.

Con la mayor celeridad se había conseguido que allí se encontrara una tercera parte de los miembros del Sanedrín. Lo suficiente para celebrar un juicio sumarísimo. Pero faltaban Nicodemo y los otros aliados de Jesús, acaso porque Judas los había delatado. Como sucediera con la tropa que detuvo al Nazareno, también en este caso se debió ir en busca de los jueces casa por casa, para sacarlos de las camas después de haber celebrado la cena de la Pascua.

Primero se hizo desfilar ante el tribunal a un numeroso grupo de testigos, todos los cuales pretendieron demostrar que habían oído y presenciado las blasfemias de Jesús de Nazaret. Una vez hubo concluido el desfile de estos farsantes, Annás intentó romper el mutismo del "acusado" exigiéndole que contara su doctrina.

-He hablado ante el pueblo de Israel, ya fuese en el templo, en las calles, las plazas y las montes -respondió el Hijo del hombre fríamente-. Siempre me he dirigido a los judíos en público, sin esconderme. ¿Por qué me interrogas a mí? Pregunta a los que me han escuchado fuera de Jerusalén. Ellos te contarán la verdad...

De pronto, una bofetada interrumpió las palabras de Jesús, a la vez que el servidor agresor exclamaba:

-¿Cómo te atreves a contestar con tanta arrogancia al Sumo Sacerdote?

-Si me he mostrado arrogante -dijo el Mesías, no acusando el golpe-, deberéis probarlo. Y de no tener derecho a hablar, ¿por qué olvidasteis prevenirme de que sería abofeteado cuando lo hiciera?

A partir de este momento se quedaría mudo durante unos largos minutos, sin hacer caso a las exigencias de Annás, de Caifás y de los demás jueces. Todos querían celebrar un juicio con las apariencias de legalidad. Lo mismo que pidieron a los escribas que se olvidaran de la bofetada del servidor, pretendieron contar con la confesión del reo dentro de un "marco de legalidad". Hasta que fue el anciano quien dio con la pregunta clave, sabiendo que el Nazareno no seguiría callado:

-Dinos, ¿eres tú el verdadero Mesías?

Jesús aceptó que debía identificarse ante sus enemigos, para que su destino no sufriera mayores retrasos.

-Si os contestara la verdad, no sería creído. Y si yo os preguntase porqué me sometéis a esta farsa, no me responderíais. Como tampoco estáis dispuestos a dejarme en libertad.

-¡Te conjuro por el Dios viviente que nos digas si eres tú el Cristo, Hijo de Dios! -gritó Annás, casi de pie y apuntando con sus dedos sarmentosos al acusado.

-Tú lo has dicho -admitió Jesús-. ¡Pero aún os anuncio que, a partir de ahora, habéis de ver al Hijo del hombre sentado a la diestra del Omnipotente viniendo sobre las nubes del cielo!

-¡Acaba de blasfemar ante nosotros! -vociferó Annás-. ¿Qué necesidad tenemos de otros testimonios? ¿Cuál es vuestro veredicto?

-¡Merece la muerte! -replicaron todos los jueces.

La primera negación de Pedro.

Las tres negaciones de Pedro

Pedro fue el único de todos los discípulos que entró en Jerusalén para conocer la suerte que había corrido su Maestro. Llegó hasta el gran patio del Sanedrín, donde se encontraban algunos de los hombres que habían estado en el Monte de los Olivos. Se quedó en las sombras, para escuchar sin correr peligro. Pero no cayó en la cuenta de que cerca había una puerta, por la que salió una mujer que se le quedó mirando y, al momento, gritó la denuncia:

-¡Escuchadme, aquí hay un hombre que acompañaba a Jesús el Galileo!

-¡Mientes, mujer! -dijo Pedro, asustado-. ¡Yo no le conozco de nada!

Pero uno de los hombres cogió una tea, y acercó la llama al rostro del discípulo. En seguida le preguntó:

-¿No te he visto yo a ti en el huerto mientras prendíamos al Nazareno?

-¡Nunca he estado allí, amigo! ¡Estás confundido!

Un segundo servidor de los jueces-sacerdotes se puso de pie para apoyar las acusaciones de los otros:

-¡Por tu voz se sabe que eres un galileo! ¡Esto demuestra tu condición de compinche del detenido!

-¡Tenéis que creerme: jamás he visto a ese hombre! -chilló Pedro, mostrando un enojo que le permitió engañar a quienes le estaban desafiando.

De esta manera le dejaron marchar. Sin embargo, cuando se hallaba a punto de rebasar la puerta del gran patio pudo escuchar el canto del gallo. Entonces recordó las palabras de Jesús, lo que provocó que llorase amargamente por su cobardía.

Trágico instante que estaba coincidiendo con la lectura de la sentencia del Gran Consejo de Jerusalén: pena de muerte contra Jesús de Nazaret. Horas más tarde, el consejo de los setenta se dirigió hasta la torre Antonia conduciendo al condenado en el centro. Allí quedaría a la espera de la decisión de Pilato, el gobernador romano.

El suicidio de Judas

Cuando Judas se oyó llamar "amigo" por Jesús, después de haberle entregado, el remordimiento le aturdió. Durante horas vagó por el Monte de los Olivos, las afueras de Jerusalén y dentro de la ciudad. Hasta que decidió ir a devolver la bolsa con las treinta monedas de plata. Se las entregó a los sacerdotes, a la vez que gritaba su renuncia a las acusaciones:

-¡Yo he pecado al vender una sangre inocente!

-¿Qué nos importa eso a nosotros si gracias a ti hemos conseguido lo que nos proponíamos? -se burlaron.

El traidor tiró la bolsa en el suelo del templo y corrió hasta la desesperación. Encontró una cuerda en el camino y, en cualquier parte, se ahorcó para que la leyenda le convirtiese en un juguete monstruoso. Son tantas las historias que se cuentan sobre su final.

Mientras tanto, los sacerdotes se enfrentaban al problema menor de qué hacer con aquella bolsa de monedas. Se consideró que un dinero impuro, por haber dado precio a la sangre de un hombre, no podía ser guardado en el tesoro del templo. Después de una larga discusión, se optó por comprar las tierras de un alfarero, donde se instalaría un cementerio para extranjeros. Este lugar fue llamado *Hacéldama* (el Campo de la Sangre), y permaneció abierto durante muchos años. Así se cumplió lo que el profeta Jeremías predijo:

-Fueron recibidas las treintas monedas de plata, como precio del puesto de venta, según lo evaluaron los hijos de Israel.

Otra gran farsa

Pilato era más político que militar. No le gustaban los judíos, por eso sólo acudía a Jerusalén durante las fiestas. Su cargo de gobernador romano le imponía esta obligación ineludible. En realidad se sentía marginado, debido a que se le había destinado a una de las peores colonias. Además, se veía sometido a una serie de simulacros que le indignaban, aunque él mismo los hubiese autorizado, como eso de que debiera recibir al Sumo Sacerdote y a los jueces en una tribuna de madera, levantada ante el palacio gubernamental, porque a los judíos les estaba prohibido entrar en las casas de los gentiles durante la Pascua y las otras fiestas de Israel.

-¿Qué acusación pesa contra este hombre? -preguntó al tener delante a Jesús, que iba acompañado de Caifás, otros jueces y varios soldados.

-¡Ha incitado al pueblo a rebelarse! ¡Predicó que no se pagara tributo a César! -gritaron varios de los recién llegados.

El Sumo Sacerdote alzó la mano para silenciar a sus cómplices y, después, resumió toda la acusación con estas breves palabras:

-¡Dice que es el Cristo, el Rey de los Judíos!

Esto había surgido de la mente diabólica de Annás: dejar a un lado los pecados religiosos, que un pagano consideraría un delito menor, para conceder la máxima importancia al aspecto político. Israel era una colonia de Roma, donde había varios reyes sometidos. Luego la aparición de alguien que se atribuía este rango debía ser considerado un gran peligro. Por este motivo habían dejado a Jesús a merced de las leyes romanas.

-¿De verdad que tú eres el Rey de los Judíos? -preguntó Pilato.

-¿Dices esto de ti mismo o te lo han dicho otros de mí? -inquirió el Hijo del hombre con una voz cordial, porque le acababan de dejar solo con el gobernador.

-¿Acaso soy yo un judío? -bromeó el gobernador; pero, en seguida, adoptó el aire de un juez-. Tu gente y los sacerdotes te han entregado a mí. ¿Qué has hecho realmente?

-Mi reino no es de este mundo -habló Jesús como si estuviera predicando en Galilea-. Si perteneciera a este mundo mi reino, mis servidores habrían luchado para que no cayese en poder de los judíos.

-¿Entonces eres Rey? -insistió Pilato, convencido que ante él tenía a un soñador.

152

-Tú lo has dicho, Rey soy. Para dar testimonio de la verdad he nacido y venido al mundo. Todo aquél que ama la verdad, no deja de oír mi voz.

-¿Qué es la verdad? -replicó el romano, sin ocultar que estaba molesto porque nunca le habían gustado los filósofos.

Los dos personajes se miraron fijamente. Había tanta nobleza en los ojos del acusado, que Pilato debió reconocerlo. Con esta sensación abandonó el salón, y llegó donde le esperaba Caifás.

-Yo no encuentro ninguna culpa en ese hombre

De pronto, se oyeron las voces de los sacerdotes gritando a coro:

-¡El pueblo se levantará en armas, porque el reo de muerte ha extendido su doctrina por todas partes! ¡Se repetirá la terrible historia de Judas, que también surgió de Galilea!

-Están hablando de Galilea -dijo Pilato, al haber encontrado la manera de eludir su responsabilidad-. El caso que habéis traído ante mí corresponde a Herodes Antipas. ¡Suya será la última palabra!

La farsa acababa de cubrir su segundo acto. A partir de este momento comenzaría el tercero, todo dentro del espectáculo de una gran tragedia.

El asesino de Juan el Bautista

Herodes Antipas temía más que odiaba a Jesús. Se encontraba en Jerusalén por unas cuestiones políticas; y porque necesitaba distraerse con lo que fuera. Había supuesto que las fiestas de la Pascua le servirían para recuperar el sueño, debido a que sus noches se hallaban pobladas de pesadillas desde que mandó decapitar a Juan el Bautista.

Cuando se encontró frente a la responsabilidad de juzgar al Nazareno, intentó esquivarla. Pero la presión de Annás, que le amenazó con no prestarle su apoyo en lo sucesivo, le obligó a soportar tan mal trago.

Una vez tuvo a Jesús delante, hizo que le leyeran las acusaciones y, después, le ofreció la oportunidad de defenderse.

Algo a lo que se negó rotundamente el reo, porque no se hallaba dispuesto a cruzar ni una sola palabra con el asesino de Juan. Y ante su silencio se dio por concluida la nueva farsa.

Singularmente, la mujer de Pilato había podido ver a Jesús, cuya imagen le devolvió recuerdos de los nobles pensadores de Roma y Alejandría, con los que había hablado. Sintiendo una gran piedad, corrió donde se encontraba su marido, al que aconsejó sirviéndose de una mentira:

-No debes hacer nada en contra de ese hombre bueno. Esta noche he tenido pesadillas por culpa de la injusticia de la que es víctima.

Barrabás fue el elegido

Pilato estaba convencido de la inocencia de Jesús; y así se lo hizo saber a Caifás, el Sumo Sacerdote:

-No he hallado crimen alguno en este hombre. Herodes tampoco le encuentra culpable. Le someteré a castigo y, después, le dejaré en libertad.

Sin embargo, el anciano Annás había previsto este desenlace. Hábil conocedor de las tradiciones de Jerusalén, recurrió a la obligación que los romanos tenían de liberar a un condenado judío, para festejar la liberación de Israel. Porque con ese gesto se pretendió aliviar la servidumbre de los vencidos. Por esta causa, una gran masa humana llegó ante el palacio del gobernador para exigir el derecho:

-¡Es la Pascua! ¡Suéltanos a un cautivo, Pilato!

Los pagados por el Sanedrín continuaron gritando, hasta que el romano debió salir a aplacarlos. Y su oferta fue la que a él más le convenía:

-¡Haré lo que me pedís! ¡Voy a soltar al Rey de los Judíos!

Las gentes se quedaron en silencio, debido a que nadie les había dicho lo que debían exigir realmente. Esto sembró la duda en los sacerdotes, pero no en Caifás. En efecto, uno de sus fieles se encontraba entre la masa, y suya fue la voz que pidió:

-¡Libera a Barrabás!

Barrabás era un seguidor de Judas el Zelote, que durante el otoño anterior se enfrentó a la guardia romana encabezando un grupo de rebeldes galileos. En seguida los sacerdotes repitieron el nombre del encarcelado, con tanto entusiasmo que contagiaron a los demás. Pronto miles de voces estaban clamando:

-¡Suéltanos a Barrabás, Pilato!

El gobernador romano no podía creer lo que estaba sucediendo, porque se pretendía salvar a un hombre que había cometido delitos de sangre, mientras se condenaba a otro que él consideraba inocente. Y para liberar su conciencia brindó otro favor al pueblo de Jerusalén:

La coronación de espinas. (Dibujo de Rembrandt)

-¿Y que haré con el que acusáis de Rey de los Judíos?

La misma voz que debía cuidarse de encender la mecha intervino con el grito que le había indicado Annás:

-¡¡Crucifícalo!!

Y esa masa que carecía de cabeza pensante, tan fácil de manipular si entre la misma se hallaban repartidos unos agitadores, se vio vociferando:

-¡¡¡Crucifícalo!!!

Coronado de espinas

Pilato se negó a creer lo que estaba oyendo. Levantó las manos para que se hiciera el silencio y, después, preguntó:

-¿Qué mal os ha hecho este hombre?

La serpiente que se encontraba entre la masa poseía una gran astucia y, sobre todo se hallaba muy aleccionada. Podía responder de acuerdo a los intereses de Annás:

-¡Todo el que se proclama rey, conspira contra Roma! ¡Si le dejaras en libertad, no te podríamos considerar amigo de César!

Ante esta encrucijada, Pilato creyó que existía una posibilidad de salvar al inocente. Volvió al interior de su palacio y, al momento, dio orden de que el prisionero fuera sometido a tormento. Sin embargo, le dejó a merced de los soldados.

Y estos eran demasiado crueles, porque habían sido entrenados para desatar el pánico allí donde se encontraran. ¿Cómo podía una guarnición de unos pocos romanos dominar a una población de decenas de miles de personas mostrándose indulgente?

Primero quitaron a Jesús el manto blanco con el que mandó Herodes que se le cubriera para escarnecerle. Una vez le dejaron con la espalda al aire, le ataron a una columna del patio y le azotaron brutalmente con la flaga (cadenilla de hierro rematada con huesecillos y bolas de plomo), sin importarles arrancarle la piel a tiras. Pero el martirizado no profirió ni un solo grito, aunque sí los estertores propios de quien contiene el dolor.

Cuando a los verdugos se les cansaron los brazos, cubrieron al reo con un disfraz de rey: una raída capa militar, que se pegaba a la carne con lo que la tela quedó impregnada de sangre; una caña raquítica como cetro; y una corona de espinos recogidos de un seto de un jardín. Ésta la encajaron alrededor de la cabeza, para que los regueros de sangre que brotaban de la frente cubrieran todo el rostro y la parte delantera del cuerpo.

Y Jesús fue presentado al pueblo con este lamentable aspecto, sujeto por dos soldados ya que no se podía sostener de pie. Pilato creyó que así podría salvarle. Al momento fue sacado de su error por las carcajadas de la masa, de nuevo hábilmente agitada por los sacerdotes.

-¡Aquí tenéis a vuestro Rey! -gritó Pilato-. ¿Qué he de hacer con él?

-¡¡Crucifícalo!! ¡¡¡Llévalo al madero!!! -vociferó la masa enloquecida.

-¡*Ecce homo*! (¡Ahí tenéis al hombre!) -dijo el gobernador romano, vencido.

Y para que su humillación adquiriese mayor evidencia pidió una jofaina y, delante del Sumo Sacerdote y de Jesús, se lavó las manos. Al mismo tiempo que se secaba musitó:

-Yo soy inocente de esta sangre. Allá vosotros.

El largo camino hasta el Gólgota

Se iniciaron los preparativos para la crucifixión sacando de la cárcel a otros dos condenados, que iban a ser ejecutados junto a Jesús. Tres centuriones mandarían el grupo formado por dos o tres docenas de soldados. Se prepararon las raciones de comida para los hombres que pasarían la noche cuidando las cruces y, por último, se fue en busca del verdugo.

Mientras tanto, Annás y Caifás no dejaban de plantearse la necesidad de vigilar al Nazareno, por si alguno de sus seguidores se atrevía a soliviantar a las masas. Dicidieron controlar la situación hasta el último momento, por lo que mandaron a unos sacerdotes para que cubriesen todo el camino. Así se abortaría cualquier posible conato de rebelión.

La ruta ascendente que llevaba desde la prisión hasta el Gólgata medía unos mil pasos romanos (unos novecientos metros). Todo un suplicio para un hombre desangrado, que debía cargar con la cruz mientras avanzaba a pie. Tendría que pasar por el centro de la ciudad, como exigía la ley dado que las condenas se consideraban "ejemplares", es decir, un aviso para todo aquel que pretendiera delinquir.

El cielo sobre Jerusalén se hallaba completamente despejado, caía un sol de castigo y las gentes se arremolinaban a ambos lados de la calle dispuestas a contemplar el espectáculo. Allí también se encontraban los mercaderes con sus tenderetes, pues no olvidemos que se continuaba celebrando la Pascua.

Delante de la comitiva iban unos soldados a caballo, que eran los encargados de abrir paso obligando a que las gentes se retiraran. Se oían las trompetas que anunciaban la llegada del trágico cortejo. Se sabe que en un momento dado Jesús debió ser ayudado a llevar la cruz por Simón de Cirene. También pudo ver a María, su madre, a María Magdalena y a otras mujeres, con las que llegó a hablar. Y hasta una de éstas, llamada Verónica, le limpió el rostro con un paño, en el que quedó marcado o "pintado" el rostro casi exacto del Mesías.

Largo camino, en ciertos momentos interminable, para quien carecía de fuerzas. Pero pocos escritores han conseguido plasmar este momento como José Luis Martín Descalzo en su libro "Jesús de Nazaret":

Tercera estación

En medio iba Jesús, asfixiado por el peso del madero que aplastaba sus pulmones ya malheridos por los golpes. Había momentos en que creía perder el conocimiento. Bailaban ante sus ojos las paredes de las casas y los rostros de la multitud que aullaba. Oía sus gritos, pero no lograba comprenderlos. A veces le parecía percibir un acento galileo y durante una ráfaga de segundo su cabeza se poblaba de imágenes: el dulce lago de su aldea, su madre, la gente escuchando su palabra en el

monte. Todo le parecía terriblemente lejano. Ahora sólo el horizonte de la muerte, que le aterraba como a cualquier ser humano. Le gustaba vivir. Se sentía bien en esta tierra de hombres.
Amaba cuanto le rodeaba: el sol, el agua, la compañía. Pero
todo parecía borrarse definitivamente. Como hombre, él había
concluido. Dentro de unas pocas horas habría terminado de
beber su cáliz de dolor y su cabeza caería definitivamente sobre
un pecho dolorido. Le hubiera gustado que todo terminara de
otro modo. Pero sabía muy bien que no había otro.

El cruel camino hasta el Gólgota.

El pecado del mundo había cerrado todas las otras posibles salidas. En realidad, éste había sido el horizonte de toda su vida, lo que le había impedido gozar plenamente de su humanidad. Se había hecho hombre para esto. Pero quizá esperaba un poco más de fruto visible. Alguien que le acompañara en esta hora entre la jauría que le acosaba. Se sentía desoladoramente solo. Tenía miedo de que tanto dolor no sirviera para nada. Y esta soledad era la más amarga de las gotas del cáliz que bebía.

Esa angustia le debilitaba aún más que los latigazos. De nuevo comenzó a temer que perdiera el conocimiento. Tenía la sensación de que sus pies flotaban. No encontraba el suelo al ir a posarlos. Oyó el grito del centurión que le mandaba seguir adelante. Y vio rostros y casas y soles y caballos y lanzas y mercados bailando. Y percibió cómo el suelo se precipitaba contra su rostro, el madero se golpeó contra el suelo, cayó sobre su hombro, sintió como una quemadura en la rodilla derecha, luego perdió el conocimiento por unas décimas de segundo hasta que le despertó la cuerda que, a tirones, hería su cintura...

Jesús era un hombre, sufrió como tal el mayor de los suplicios, mientras avanzaba hasta su muerte definitiva. Y lo más terrible es que no dejaba de preguntarse: "¿Esto habrá valido la pena?" Una remota esperanza le animaba a soportarlo todo; pero la duda se situaba muchas veces en primer plano... "¿Qué era necesario hacer para que el mundo le creyera si iba a entregar su vida por haber defendido la Verdad?"

CAPÍTULO XIII

EL MISTERIO DE LA MUERTE DE JESÚS

La mejor figura literaria

Los tres años de actividad de Jesús se hallaron repletos de milagros, de inmensas pruebas de su bondad y de millares de palabras salidas de su boca, en las que dejaba patente su condición de Hijo de Dios. Sin embargo, fue vendido por uno de los suyos, se le detuvo y no encontró defensor alguno que le impidiera llegar al patíbulo. Allí se le crucificó en compañía de dos ladrones; mientras, cerca sólo unas mujeres le acompañaban en silencio.

Súbitamente, en el momento que expiró *desde la hora sexta se extendieron las tinieblas sobre toda la tierra hasta la hora nona* (según nos cuenta Mateo en su Evangelio). La figura literaria no puede ser más efectiva, porque nos da idea de que Jahvé cubrió toda la zona de negrura para dar idea de que la muerte de su Hijo le causaba un inmenso dolor, por eso los hombres, los asesinos, debían sentir el peso de su gran delito con el escalofrío de la inesperada falta de luz.

A pesar de que los otros evangelios no mencionen las tinieblas, nos interesan como una circunstancia que puede demostrar la realidad histórica del suceso. Debemos tener presente que no se ha podido probar arqueológicamente la existencia de Jesús.

La hora sexta equivale a las doce de nuestro mediodía, a la vez que la hora nona puede ser considerada como las tres de la tarde. Periodo de tiempo que en Palestina debía haber una gran claridad; sin embargo, todo se vio rodeado de las más espe-

161

sas tinieblas, peor que si se hubiera hecho de noche. Algunos historiadores han supuesto que se produjo un eclipse solar, lo que explicaría esas tinieblas tan parecidas a la negrura más absoluta.

Sin embargo, este fenómeno ha de ser excluido de inmediato, al tener en cuenta que la Crucifixión tuvo lugar el día anterior al último de la fiesta de Pascua, y ésta siempre se hacía coincidir con la Luna llena. Como sabe cualquier aprendiz de meteorólogo, durante la Luna llena únicamente pueden aparecer eclipses lunares, nunca solares.

Otra de las hipótesis que se barajan es que se produjo una gran tormenta de arena, que cubrió toda la zona. Cosa que jamás pudo suceder a ese nivel, porque este tipo de fenómenos eran bastante frecuentes, y sólo cubrían levemente el Sol o la Luna, cuyas luces adquirían un tono rojizo a través del velo; sin embargo, en ningún momento se producían unas auténticas tinieblas. Por lo tanto esta explicación no puede ser considerada la verdadera.

Juan Malalas nos brinda la fecha

Richard Hennig en su libro "Grandes enigmas del universo" escribe lo siguiente:

Es necesario decir algo sobre el día exacto de la muerte de Jesucristo, pues la astronomía, naturalmente, ha de saber la fecha concreta cuando pretende comprobar un fenómeno celeste calculable. Dado que durante los años que pueden entrar en consideración como los de la vida pública de Jesucristo -del 29 al 33-, la festividad de la Pascua sólo cayó dos veces en el sábado siguiente al viernes de la Crucifixión, hace ya mucho tiempo que sólo se presta atención seria a dos años: la fiesta de la Pascua del 8 de abril del año 30, según el calendario juliano, y la del 4 de abril del 33; ambas coincidieron con el sábado judío y fueron, por consiguiente, "sábados grandes". Por lo tanto, el día de la muerte únicamente pudo suceder el 7 de abril del año 30 o el 3 de abril del 33. *Todos los historiadores están posiblemente de acuerdo sobre este punto. Ahora bien, lo que se discute es la fecha a la que se debe dar preferencia, pues las dos han tenido hasta nuestros días sus defensores y sus detractores. Sin embargo, parece ser que la balanza se inclina con mayor fuerza cada vez más hacia el año 33. Sobre todo el barón Bedeus ha expuesto razones de mucho peso en ese sentido. La cuestión queda decidida de una manera tajante si se pueden considerar suficientemente probados los dos puntos de vista siguientes: por un lado, el hecho de que un cristiano de una época posterior indique, posiblemente basándose en tradiciones ya perdidas, que Jesucristo fue crucificado en el tiempo del consulado de Sula y Sulpicio; por otro, que el 3 de abril del año 33 hubo realmente un oscurecimiento en Jerusalén: un eclipse de Luna. Ambos factores juntos posiblemente suministren la prueba definitiva de que la crucifixión de Jesucristo tuvo lugar el 3 de abril del año 33.*

El escritor cristiano a que nos referimos es Juan Malalas, que vivió en el siglo V y cuya exactitud cronológica en su trabajo es digna de toda atención. Como entre otras cosas, menciona la Era Antíoca, citada en muy raras ocasiones y corriente sólo en Antioquía, debe haberse servido de una tradición muy antigua que tuviera su origen en ese mismo país. He aquí lo que dice el escritor mencionado:

"En el año dieciocho y en el séptimo mes del reinado del emperador Tiberio, Jesucristo, nuestro Salvador, fue traicionado, teniendo treinta y tres años de edad, por su discípulo Judas Iscariote. Nuestro Señor Jesucristo fue crucificado en el séptimo día antes de las calendas de abril, en el mes de marzo, en el catorce día de Luna... en tiempo del consulado de Sula y Sulpicio, en el año 79 de la Era Antíoca, siendo Casio gobernador de Siria, nombrado procónsul de este país por el emperador Tiberio."

Al respecto se ha de tener en cuenta que se cita como día de la muerte de Jesucristo el 25 de marzo únicamente porque esta fecha correspondía al del equinoccio de primavera de entonces, en la misma forma que se estableció el día del nacimiento de Jesucristo el año 29 únicamente, año que no puede entrar absolutamente en cuenta como el de la muerte del Salvador. Y tampoco fue jamás el 14 del mes de Nisán ("cuando la luna estaba en su catorce día"). Por lo demás, el relato debido a Juan Malalas tiene una gran importancia. Dado que los años del reinado del emperador Tiberio comenzaban a contar desde el 17 de septiembre del año 14, el séptimo mes del año decimonono del reinado comprende exactamente del 17 de marzo al 16 de abril del año 33, año cuya posibilidad se refuerza con el nombramiento de los cónsules, que eran en aquella época realmente Servio Sulpicio Galba (el más tarde emperador Galba) y L. Cornelio Sula Félix. Sin embargo, no se tiene conocimiento de un procónsul de Siria llamado Casio, aunque es posible que hubiera gobernado breve tiempo, después del cese del procónsul Aelio Lamia, ocurrido en el año 32, y antes de hacerse cargo del poder el procónsul L. Pomponio Flaco, destinado en Siria hasta el año 35. Pero este punto carece de importancia.

Los datos facilitados por Juan Malalas son suficientes para fijar como año de la muerte de Jesucristo el 33, cosa que el barón Bedeus se ha cuidado de reforzar, además, con argumentos de peso. El principal defensor del año 30, como el de la muerte del Señor, Oswald Gerhardt, no ha podido aportar prueba alguna convincente en defensa de su tesis. Toda las razones que ha expuesto han sido rebatidas por completo.

Si con arreglo a esto podemos fijar casi con seguridad absoluta el 3 de abril del año 33 como fecha de la muerte de Jesucristo, queda también aclarado en qué consistieron las tinieblas mencionadas en las Sagradas Escrituras. Los cálculos astronómicos nos enseñan que fue un eclipse lunar el ocurrido en Jerusalén aquel día, no uno de Sol. Comenzó a las 17 horas y 44 minutos del tiempo local, antes todavía de que hubiera salido la Luna... La oscuridad fue parcial y duró hasta las 18 horas y 37 minutos. Se comprende perfectamente que los espectadores de la tragedia del Gólgota experimentaran una impresión profunda al ver que la Luna se alzaba por el Este detrás de un velo, como de luto, por decirlo así, que la oscurecía, con lo que las palabras del centurión romano: "Verdaderamente esté es el Hijo de Dios", expresaban probablemente el estado de ánimo de todos los presentes en ese emocionante acontecimiento, único en la Historia del mundo...

La Crucifixión. (Dibujo de Rembrandt)

El sublime instante de la Pasión

Cualquier novelista daría su vida por conseguir un argumento como el de la Pasión, con ese final que de tan trágico como resulta ha de ser considerado sublime, no sólo porque quien lo protagonice sea Jesús, en su condición de Hombre que no ha perdido su entidad como Hijo de Dios. Luego de haber sufrido tantas humillaciones, con las muñecas atravesadas por dos clavos enormes, manteniendo los brazos abiertos, cubierto el rostro por los regueros de sangre que brotaban de las espinas que rodeaban su cabeza, sediento y hambriento, alzó la cabeza al cielo y musitó:

-Padre, perdónalos, porque no saben lo que hacen.

En aquel momento un soldado empapó una esponja en vinagre y, luego de clavarla en una percha, la alzó para remojar los labios resecos del condenado a la peor de las muertes. Se sabe que Jesús llevaba en la cruz desde la hora sexta, hasta que exhaló en la hora nona. Pero, antes de morir, pudo pronunciar unas palabras. Entre los cuatro evangelistas, nada más que Mateo y Marcos mencionan las siguientes:

-*¡Dios, Dios mío! ¿Por qué me has abandonado?*

Sin embargo, Lucas escribe que el grito de Jesús fue este otro:

-*Padre, en tus manos encomiendo mi espíritu.*

Juan menciona unas terceras palabras:

-*Todo está consumado.*

Si hemos de aceptar la premisa de que los cuatro evangelistas se complementaban con sus textos, en este caso nos encontramos con una evidente contradicción. Las primeras frases pueden entenderse como el lamento de un moribundo que se halla al borde de la desesperación, por eso reprocha a Dios que le esté dejando morir en tan angustiosas circunstancias, luego de verse sometido a un suplicio que casi ha sido incapaz de soportar; mientras que las otras dos muestran resignación y, a la vez, confianza o una especie de consuelo de que la Pasión haya concluido luego de tantos sufrimientos.

Existe otro momento muy interesante durante las últimas horas de la vida de Jesucristo: la lanzada que le asesta el centurión romano. Parece un gesto piadoso, que tenga el propósito de anticipar la muerte de la víctima para evitarle mayores sacrificios. El suceso no debe ser considerado bajo este prisma, ya que suponía una rutina practicada con todos los crucificados.

Tampoco los evangelistas se ponen de acuerdo en la hora de la muerte de Jesucristo, ya que si hacemos caso a los datos que proporcionan nos encontraríamos con que permaneció colgado de la cruz unas seis horas. Lo más lógico es que optemos por un horario intermedio, de acuerdo a los estudios médicos, que lo dejarían en tres horas.

¿Qué sucedió después?

Ya hemos hablado de las tinieblas que acompañaron la muerte de Jesús. Una circunstancia inesperada, un eclipse lunar o una niebla surgida del mar Muerto, que sembró de espanto a todos los presentes. Muchos de ellos entendieron que se acababa de cometer una injusticia, que el mismo cielo estaba demostrando con ese fenómeno inusual.

Como iba a comenzar el sábado, el día del "Sabbath" o la preparación de la Pascua, las víctimas no podían seguir en la cruz. Antes de que se produjera la muerte de los tres condenados, recordemos a los dos ladrones, los sacerdotes dieron órdenes de que se les rompieran las piernas para acabar cuanto antes. Se sabe que esto es lo que se hizo con los ladrones; sin embargo, a Jesús se le asestó una lanzada, sin que a nadie pareciera sorprenderle que de la herida brotase sangre y agua.

Otro hecho notable es que a Jesús no se le rompieran las piernas. También que se autorizara a José de Arimatea a descolgarlo de la cruz para llevarlo a una tumba nueva, que había sido abierta en la roca y que, luego, se cerró con una enorme piedra.

José de Arimetea es citado por los cuatro evangelistas. Realiza su acción luego de contar con el permiso de Pilato. A partir de este momento se introduce en la leyenda, porque le esatribuido el honor de haber sido el depositario del cáliz de la última cena, al que terminaría dándose el nombre de "Santo Grial". Al parecer le sirvió como protección durante el tiempo que permaneció en la cárcel y, más tarde, a lo largo de un gran viaje hasta el extremo de Europa. Pudo llegar a la ciudad de Glastonbury, al suroeste de Gran Bretaña, donde los monjes se cuidaron de alimentar un mito, que luego quedaría unido a al rey Arturo y a la Tabla Redonda. Pero también existe la posibilidad de que estuviera en los Pirineos, en una de cuyas cuevas ocultó el cáliz, o acaso lo dejara en Italia.

¿Y si Jesucristo no hubiese muerto?

Se han publicado unos libros muy interesantes sobre la posibilidad de que Jesús no hubiese muerto. Algunos autores, como el alemán Kurt Berna, se basan en el Sudario de Turín, cuyo estudio le ha permitido saber que envolvió el cuerpo de un herido muy grave, cuyo corazón todavía latía.

Pero hay médicos que son capaces de afirmar lo mismo, al tener en cuenta que de la herida de Jesús brotó sangre y agua. Una tercera vía que llega a la misma conclusión la encontramos en un escrito atribuido a los esenios, en el cual se intenta demostrar que ellos se cuidaron del cuerpo nada más ser descolgado de la cruz, al que cubrieron con unas vendas impregnadas de unos medicamentos que cicatrizaron las heridas casi mortales; después, se encargaron de llevar a Jesús a un lugar seguro, donde pudiera restablecerse.

Una cuarta hipótesis menciona el hecho de que Jesús conocía las técnicas de la "catalepsia voluntaria", con lo que pudo simular la muerte. Luego, sus apóstoles le practicaron una primera cura en el interior de la amplia tumba, para sacarle de allí aprovechando la llegada de la noche. Para ello debieron contar con la muy oportuna complicidad de los vigilantes de la tumba

La verdad está en nosotros

Luego de ofrecer una serie de teorías, casi un esbozo de las mismas, conviene volver con los Evangelios. El desenlace de la Pasión supone la cima de la tragedia, el momento crucial de los prodigios. Mateo (capítulo 27, del versículo 51 al 56) lo presenta de esta manera:

Enterramiento de Jesús. (Dibujo de Rembrandt)

Y he aquí que el velo del Templo se rasgó en dos, de arriba abajo; tembló la tierra, se agrietaron las rocas, se abrieron los sepulcros y los cuerpos de muchos santos difuntos resucitaron. Y, saliendo del sepulcro después de la resurrección de

Él, entraron en la Ciudad Santa, y se aparecieron a muchos. Entretanto, el centurión y sus compañeros que guardaban a Jesús, viendo el terremoto y lo que había acontecido, se llenaron de espanto y dijeron: "Verdaderamente, Hijo de Dios era éste." Había allí también muchas mujeres que miraban de lejos; las cuales habían seguido a Jesús desde Galilea, sirviéndole. Entre ellas se hallaba María la Magdalena, María la madre de Santiago y José, y la madre de los hijos de Zebedeo.

Ésta es la versión más espectacular de las cuatro ofrecidas por los evangelistas, mientras que Marcos se limita a decir nada más que el velo del Templo se rasgó. Si creemos en la que acabamos de ofrecer, tendríamos que imaginar que marcó un hito en la vida de Jerusalén, la "Ciudad Santa", que jamás se olvidaría. Nada de esto quedó registrado en los documentos de la época, porque jamás sucedió una secuencia de hechos tan aparatosos.

Mateo utilizó símbolos extraídos del Antiguo Testamento. Por ejemplo, el velo del Templo ha de verse como que se acababa de abrir una nueva época, el ciclo de todo lo antiguo había finalizado, luego el templo viejo sería sustituido por otro nuevo. En la Carta a los hebreos se interpreta este hecho como una total regeneración: el pasado ha quedado atrás, puede ser recordado, pero lo que importa es el futuro, porque Jesús ha sido inmolado como se hacía con el cordero al ser llevado al ara de los sacrificios.

La tierra que tiembla, las rocas que se rajan y los muertos resucitados también son símbolos tomados del Antiguo Testamento. Vienen a decir que como el Hijo de Dios ha sido sacrificado, desde ese momento el mundo queda sometido a juicio. Por eso el cosmos debe convulsionarse, aunque sólo sea de una forma figurada.

Puede aceptarse la aparición de las tinieblas, por el hecho de que se produjo un eclipse lunar. También alguna perturbación del tiempo.

Realmente, la interpretación de la muerte de Jesús es personal, cada uno de nosotros tiene el derecho a valorarla de acuerdo con la información de que disponga y, sobre todo, en función de sus propias creencias.

Nosotros exponemos el comentario de otros

No quisiéramos dejar este capítulo sin volver a recordar que existen historiadores muy componentes, lo mismo en Occidente que en la India y en Egipto, que han escrito magníficos libros sobre que Jesús no murió en la cruz. Hemos hablado de los esenios que pudieron curarle dentro de la tumba y, luego, se encargaron de trasladarle a un lugar donde pudiera restablecerse por completo.

Un antiguo sutra hindú, al que los yoguis de la India llamaban Natha-nama-vali proporcionó una versión sorprendente sobre la crucifixión de Jesús, al que daba el nombre de Isha-Natha. La referencia la hemos tomado del libro "La otra historia de Jesús", de Fisda Hassnain:

Isha Natha arribó a la India cuando contaba catorce años, tras lo cual regresó a su país para predicar. A no tardar sus embrutecidos y materialistas compatriotas empezaron a conspirar contra él y obtuvieron su crucifixión. Durante ésta, o tal vez incluso antes, Isha Natha logró el samadhi o trance profundo mediante el yoga.

Viéndole en estas condiciones los judíos le creyeron muerto y lo llevaron a una sepultura. En ese mismo instante, sin embargo, uno de sus gurus o maestros, el gran Chetam Natha, estaba en las estribaciones del Himalaya sumido en profunda meditación, y tuvo una visión en la que presenció las torturas que se le estaban infligiendo a Isha Natha, por lo que hizo que su cuerpo se volviera más ligero que el aire y se trasladó a las tierras de Israel.

El día de su llegada quedó señalado por el rayo y el trueno, debido a que los dioses habían montado en cólera con-

171

tra los judíos, y toda la tierra se estremeció. A su llegada, Chetan Natha se llevó de la sepultura el cuerpo de Isha Natha, lo despertó de su samadhi y luego lo llevó a la tierra santa de los arios. Entonces Isha Natha se estableció en un ashram *de las regiones bajas junto a los Himalaya y estableció allí el culto al* lingan *y al* yoni.

Esta referencia al culto del *lingan* y el *yoni* se refiere a los antiguos ritos de la fertilidad, que se practicaban en las regiones comprendidas entre los ríos Tigris y Éufrates, los cuales encerraban las tierras de Mesopotamia.

La versión yogui de la muerte de Jesús nos parece de una riqueza literaria indiscutible, sobre todo en lo que se refiere al gran derroche imaginativo. Nos ha venido a la memoria la experiencia de un explorador ruso, Anton Bisyminski, que se perdió en el Himalaya a principios del siglo. A punto estuvo de morir congelado, pero le salvaron unos lamas. Pasados unos meses, como le vieran muy angustiado, porque todavía no podía caminar con facilidad, le preguntaron, a pesar de conocer la respuesta, qué otra cosa le mantenía tan apenado. Al conocer que no dejaba de pensar en su familia, a la que no veía desde hacía más de dos años, le pusieron delante un espejo, en el cual pudo contemplar a todos los suyos en el jardín realizando la poda de unos rosales. Los observó con la misma nitidez que si los tuviera delante. Tiempo más tarde, pudo saber Bisyminski de labios de su propia familia que ese día, que él nunca podría olvidar, recordaban haber podado los rosales.

A pesar de que todos estos prodigios mentales de los lamas y de los yoguis, seguimos creyendo que la versión válida es la que se nos ofrece en el Nuevo Testamento. Pero nuestro compromiso es exponer lo que cuentan otros, por eso hemos ofrecido esta tan singular historia.

guido la gloria de Dios.

Como una anécdota, debemos resaltar que Jesús no permaneció tres días en la tumba, sino dos noches y un día. Si la crucifixión se produjo en viernes a la hora nona, las tres de la tarde, y la resurrección en la madrugada del domingo, el cálculo resulta sencillísimo. Luego no permaneció "sepultado" los tres días completos que Jonás estuvo dentro del vientre del gran cetáceo.

Una de las apariciones de Jesús.

Por otra parte, el hecho de que Jesús hubiese resucitado en domingo, llevó a que la Iglesia lo tomara para conmemorar su "día santo", con lo que se distanció todavía más de los judíos, que celebraban el suyo los sábados.

El testimonio que brindan los Evangelios

Es posible que en ninguno de los pasajes evangélicos se aprecien mayores diferencias que en los referentes a la resurrección. Los cuatro autores mencionan el encuentro del sepulcro vacío y de las apariciones de Jesucristo resucitado; sin embargo, los hechos que rodean al primero, el número, el lugar y quienes presenciaron las segundas varían considerablemente de un evangelista a otro.

Podemos señalar las principales divergencias. En el evangelio de Mateo (capítulo 28, del versículo 1 al 10) se nos dice:

Después del sábado, cuando comenzaba ya el primer día de la semana, María la Magdalena y la otra María fueron a visitar el sepulcro. Y he aquí que hubo un gran terremoto, porque un ángel del Señor había bajado del cielo, y llegándose rodó la piedra, y se sentó encima de ella. Su rostro brillaba como el relámpago, y su vestido era blanco como la nieve. Y de miedo a él, temblaron los guardias y quedaron como muertos. Habló el ángel y dijo a las mujeres: "No temáis, vosotras, porque sé que buscáis a Jesús, el crucificado. No está aquí; porque resucitó, como lo había dicho. Venid a ver el lugar donde estaba. Luego, id pronto y decid a sus discípulos que resucitó de los muertos, y he aquí que os precederá en Galilea; allí lo veréis. Ya os lo he dicho." Ellas, yéndose a prisa del sepulcro, con miedo y gran gozo, corrieron a llevar la nueva a los discípulos de Él. Y de repente Jesús les salió al encuentro y les dijo: "¡Salud!" Y ellas, acercándose, se asieron de sus pies y lo adoraron. Entonces Jesús les dijo: "No temáis. Id, avisad a los hermanos míos que vayan a Galilea; y allí me verán."

176

Marcos ofrece una versión bastante similar, aunque la descarga de la aparatosidad del terremoto y no indica claramente que fuese un ángel el hombre que encontraron las mujeres. Juan también se olvida por completo del fenómeno geológico, además de los vigilantes del sepulcro, y hace que María Magdalena encuentre la losa retirada, lo que le asusta tanto que corre en busca de Pedro y Santiago, los cuales entran en la tumba para ver solo los sudarios. Mientras tanto, María sigue fuera, donde ve a dos ángeles y, luego, a Jesús, al que en un primer momento confunde con un jardinero. Por último, al atardecer Jesús se aparece a sus discípulos dentro de una estancia cerrada, para enseñarles sus heridas, con el fin de que crean.

Lucas resulta más parco en hechos sobrenaturales en el relato de la resurrección, dado que sólo menciona que tres mujeres llegaron a la tumba, que encontraron vacía. Mientras se hallaban muy perplejas, dos varones de vestiduras resplandecientes se acercaron a ellas, para recordarles que el "Hijo del hombre" acababa de resucitar al tercer día como Él mismo anunció. Seguidamente, ellas corren en busca de los apóstoles, a los que cuentan todo lo sucedido. Pero no son creídas, al considerar que la historia es un delirio. No obstante, Pedro marcha a comprobarlo, y lo considera cierto al ver la tumba vacía.

Como se puede apreciar las diferencias son tan acusadas, junto a que los olvidos de lo "importante" resultan imperdonables, que cuestionar la historia que se pretende contar supone casi una obligación.

En lo que se refiere a las apariciones de Jesús, la disparidad alcanza tales cotas que todo intento de que compaginen se convierte en un trabajo imposible. Marcos, Mateo y el epílogo de Juan mencionan, al menos, que todas tuvieron lugar en Jerusalén. Y es suficiente una lectura de los cuatro evangelios para comprobar las grandes discrepancias entre relatos de apariciones que en el fondo pretenden querer contar el mismo suceso. A esto hemos de añadir la diferencia que supone el hecho de que un evangelista mencione una aparición que no conocen los otros.

Por ejemplo, la aparición que Lucas cuenta a los dos discípulos de Emaús.

Es posible dudar de estos testimonios

En apariencia, unas discrepancias tan acusadas entre los evangelistas, a la hora de narrar la resurrección de Jesucristo, constituyen un motivo suficiente para dudar de su valor histórico. Podemos ver cómo se expresaba al respecto Reimarus en los inicios de una de sus críticas racionalistas:

Lector, tú que eres serio y amigo de la verdad, dime delante de Dios: ¿Podrías aceptar como unánime y sincero un testimonio, respecto a un material tan importante, que con tanta frecuencia y claridad se contradice en cuanto a las personas, el tiempo, el lugar, el modo, el fin, las palabras y el relato?

A pesar de este comentario creemos que existe un fondo básico de verdad, lo que convierte la resurrección en un momento histórico auténtico. Esto no quita para que se halle repleto de incógnitas. Hemos de tener presente que los evangelistas no presenciaron los hechos, luego escribieron lo que habían oído. Pero cada uno de ellos desconocía el trabajo de los otros, como también ignoraban lo que estaban redactando los muchos autores de los evangelios apócrifos. Por otra parte, vivían en ambientes distintos, y tuvieron muy presente a los lectores de su entorno. Deberíamos mencionar lo de la "verdad revelada"; pero es algo que nos llevaría a introducir más confusión, ya que nos obligaría a deducir que la revelación llegó a los autores por vías muy distintas, dado que si sólo hubiera sido una no se apreciarían tantas diferencias y hasta contradicciones en lo que escribieron.

La importancia del sepulcro vacío

Jesús fue sepultado por José de Arimatea, que era un "importante miembro del Sanedrín", por eso consiguió con tanta rapidez el permiso de Pilato. Se eligió una tumba aislada, cuando todos los crucificados eran sepultados en una fosa común. Debemos imaginar que supuso un privilegio obtenido por el mismo José. Precisamente el hecho de que todos los evangelistas mencionen un nombre tan crucial es considerado la prueba rotunda de su veracidad, debido a que pudieron no dar ninguno o contradecirse al mencionar otros distintos.

¿Se apareció Jesús a Pedro cuando éste había vuelto a ser un pescador?

Los judíos dudaban que Jesús hubiera sido enterrado en una sepulcro aislado. Sin embargo, en 1968 los arqueólogos descubrieron unas tumbas en el norte de Jerusalén, y de una de ellas extrajeron los restos de un crucificado, al que le habían atravesado los huesos de los talones con un clavo de hierro, que pudieron contemplar. También las tibias habían sido rotas intencionadamente. Por la cerámica encontrada en el lugar, se pudo saber que correspondía a la época de Jesús. Esto proporcionó la evidencia de que algunos crucificados eran enterrados en tumbas aisladas.

Los evangelistas ponen a mujeres como las primeras que descubren que la tumba estaba vacía, lo que suponía un riesgo debido a que los judíos no aceptaban a las mujeres como testigos en un juicio. Por este motivo, el hecho de que sean ellas las que den testimonio de la resurrección la hace más creíble.

Las apariciones de Jesús

En los relatos de las apariciones cada uno de los evangelistas volvió a seguir su propio camino. Sin embargo, más allá de las hondas diferencias, todos ellos coincidieron en el testimonio básico de que los discípulos creyeron ver a Jesús resucitado después de su muerte. Dejemos de momento los problemas literarios e históricos que plantean los textos, para ocuparnos sólo del contenido fundamental en que coinciden: la afirmación de que estos hombres habían contemplado a Jesús vivo después de su muerte.

Con toda intención mencionamos que en los evangelios nos llega un testimonio fidedigno de que la fe en Jesús resucitado tiene su origen en el hecho de que unos hombres creyeron haberle contemplado. Porque en la actualidad, incluso entre los críticos que no admiten la resurrección de Jesús, apenas hay alguno que se atreva a negar que los apóstoles "creyeron ver a Jesús", es decir, tuvieron unas experiencias que pueden designarse claramente con el nombre de "visiones" o "apariciones". Algo que no supone ningún tipo de aberración.

El problema consiste en determinar qué clase de fenómenos son éstos. ¿Se trata de visiones auténticas del Resucitado, como unas visiones provocadas desde fuera que se imponen a los hombres, o de simples proyecciones del subconsciente?

En el primer caso tenemos la interpretación tradicional de la Iglesia: Jesús resucitado, que vive ya en la gloria del Padre, se hace visible a los suyos. En el segundo disponemos de lo que podríamos llamar la interpretación tradicional de la crítica racionalista: los discípulos no podían creer que la obra de Jesús había concluido con su muerte en la cruz, y esta necesidad de su espíritu hizo que brotara en ellos la idea de que su Maestro no había permanecido en la muerte, sino que continuaba vivo. Dicho con otras palabras: el anhelo anterior de estos hombres provocó lo que llamamos "apariciones", que así se convierten en fenómenos enteramente naturales.

Una forma de reconstruir los hechos

He aquí una buena forma de reconstruir los hechos, que nos proporciona C. Guignebert:

Tras la muerte de Jesús, Pedro regresó a su casa, a Cafernaum. Se hallaba dispuesto a volver a ejercer su oficio de pescador, con la barca que tantas veces había transportado a Jesús de una orilla a otra del lago. En todas partes brotaban ante sus ojos los recuerdos que guardaba de los días de esperanza y gozo. La imagen del Maestro le seguía en todos sus pasos, llenaba el marco de su vida. Su espíritu se hallaba fijo en un pensamiento: no era posible que esto hubiese acabado; algo iba a venir, y lo haría por medio de Él; no se engañaba, porque era imposible que les abandonara; resultaba preciso que reapareciera pronto. Y mientras en él crecía el dolor por haber perdido a Jesús, y se exasperaba una esperanza que no encontraba su forma, se exaltaba también la confianza en la llegada del milagro con la manifestación personal del Crucificado. No debía sorprender, por tanto, que Pedro terminara viendo a Jesús.

¿Dónde? Probablemente en la orilla del lago y en unas condiciones en que una alucinación se produjo sin esfuerzo: entre la bruma de la mañana o en el deslumbramiento del sol del mediodía. Quizá en aquel momento Pedro estaba solo, pero no era necesario suponerlo: había podido reunir ya entorno de él a algunos de los mejores discípulos, los Doce; y nada más normal que también ellos le contemplaran a Él. En una operación de este tipo, lo único que supone una gran dificultad es producir la iniciativa. Una vez asegurada ésta, el resto viene por sí solo, pues el contagio es aquí la regla general. Y en este caso el contagio era mucho más fácil, pues los compañeros de Pedro se hallaban más o menos en un estado de espíritu análogo al suyo.

A esta reconstrucción de los hechos, de la que podríamos ofrecer variantes que en realidad se diferenciarían muy poco, debemos decir: los datos históricos que poseemos la hacen totalmente imposible. Contra ella se enfrenta, en primer lugar, la duración de las apariciones. Si el Nuevo Testamento hablase de una sola aparición a una persona o un grupo, o de apariciones en un solo día, la hipótesis de un fenómeno subjetivo, alucinatorio, sería quizá viable. Pero las fuentes hablan de apariciones repetidas durante un largo periodo de tiempo; y una alucinación o un rosario de alucinaciones sostenidas durante tanto tiempo resultan más incomprensibles que la interpretación tradicional, que habla de manifestaciones del Jesús glorioso.

Los que pretenden explicar como fenómenos naturales el hecho de que hombres tan radicalmente distintos llegasen a esas visiones subjetivas, tras el fracaso en que había terminado la causa de Jesús, tienen que echar mano -como hemos visto en C. Guibnebert- de construcciones psicológicas. Y las construcciones de este tipo abundan. Es asombrosa la fantasía que demuestran en este punto incluso estudiosos que por lo demás son sobrios y sensatos. Como escribe el racionalista G. Lohfink, ofreciendo una muestra de sensatez que compartimos:

Todas estas construcciones coinciden en afirmar: en las almas de los discípulos brota la fe, y la fe produce las visiones. Pero, según el Nuevo Testamento, lo que ocurre es todo lo contrario: sólo las apariciones del Resucitado hicieron brotar la fe en la resurrección. Es inconcebible cómo un historiador serio puede trastornar una afirmación tan clara de las fuentes -sobre todo del testimonio personal de san Pablo- y leer en ellas exactamente lo contrario.

Frente a las alucinaciones

Hay aquí otro hecho que presenta una importancia capital. En los fenómenos alucinatorios o las proyecciones puramente psicógenas, para que cada alucinación o visión se produzca es preciso que se den en el sujeto determinadas condiciones. El que no cree en el diablo ni en nada semejante, jamás podrá creer haber visto el diablo. Así para que los discípulos de Jesús llegasen a la creencia de que su Maestro había resucitado, sin apariciones impuestas desde fuera u objetivas, y esta fe provocara las supuestas visiones, era preciso que contasen con una resurrección semejante, incluso la anhelasen. Vamos a ver cómo esta condición, esta predisposición, no se daba.

Lo mismo que exponíamos al principio, lo que los apóstoles proclamaban públicamente poco después de la muerte de Jesús no es la vuelta de éste a la vida anterior, sino el hecho de que Dios había resucitado a Jesús, y que así había comenzado la resurrección de los muertos. Por ser judíos, todos ellos compartían en este punto las creencias del judaísmo, de las que formaba parte la esperanza en la resurrección de los muertos.

Sin embargo, los apóstoles proclamaban que la resurrección de los muertos había comenzado, que con Jesús resucitado daba inicio ya el fin del mundo y la nueva creación. Ni en el judaísmo, ni en las religiones del mundo helenístico encontramos una fe semejante, que pudiera servir de punto de partida para la cristiana. Tenemos, sí, relatos de resurrecciones de muertos, en los que éstos vuelven a la vida que interrumpió la muerte. Pero la resurrección que en Jesús predican los apóstoles es radicalmente distinta.

La ascensión a los cielos

La tradición judía hablaba de hombres que habían sido llevados al cielo, como Henoc y Elías. Para unos discípulos de Jesús, que -según la hipótesis de las alucinaciones- no se resignaban a la idea de que habían perdido para siempre a su Maestro, esta tradición judía hubiera constituido una excelente predisposición para aceptar que Jesús había sido llevado al cielo.

Pero, repetimos, lo que estos hombres proclamaban no era que Jesús había sido llevado o ascendido al cielo, sino que en Él había dado comienzo ya la resurrección de los muertos, que la tradición judía consideraba como un acontecimiento del final de la humanidad. Como nos dice G. Lohfink al respecto:

Atribuir el nacimiento de esta creencia a una evolución de las ideas religiosas de los que la profesan es extraordinariamente inverosímil. No se explica, en efecto, cómo unos hombres que procedían de la tradición judía pudieron concebir el comienzo de los acontecimientos finales sólo para Jesús.

De acuerdo con el pensamiento judío, la resurrección de los muertos afectaría a la totalidad de los seres humanos, y no tendría lugar hasta el fin del mundo.

Podemos finalizar, por tanto, con una afirmación: el modo de explicar el mensaje de la Iglesia primitiva sobre la resurrección es hacerlo brotar de una experiencia real, no meramente subjetiva, de Jesús resucitado por parte de los primeros testigos, experiencia que tenemos descrita en los relatos evangélicos de las apariciones. Con esto no decimos que la investigación histórica nos introduce en el misterio de la resurrección de Jesús; eso sólo puede hacerlo la fe. Pero lo que sí puede realizar es dejar ver la forma de creer en el misterio que representa esta obra de Dios, de acuerdo a los principios morales de cada uno de nosotros.

Una conclusión que no lo es...

Vamos a cerrar esta biografía de Jesús dejándola en el momento clave: demostrar que era el Hijo de Dios. Pero aquí nos detenemos, es nuestra conclusión. Cierto que existe otra, o muchas más, de acuerdo con las creencias de quienes nos lean.

La ascensión de Jesús a los cielos.

Lo que hemos pretendido dejar patente es que Jesús fue un Hombre, el más grande que ha existido, y que predicó una doctrina de una vigencia universal. Si los materialistas fueran sinceros reconocerían que las raíces de los Derechos del Hombre, del comunismo puro y de otras corrientes políticas democráticas se inspiraron en los textos evangélicos. Porque nadie defendió al humilde, al "proletario", como Jesús: vivió con él, tomó sus vestidos, sus costumbres y sus pensamientos. Convirtió a los obreros, también a los patrones que se hallaban "a pie de tajo" (iban en los barcos pescando junto a sus asalariados), en sus discípulos y se enfrentó a los poderes establecidos por el bien de las clases más bajas.

¿Quién se había atrevido antes que Jesús a predicar que el Rey y el hombre más humilde eran iguales? ¿Qué voz se atrevió a descubrir la hipocresía de las clases más poderosas delante de sus máximos representantes?

Sólo lo habían hecho antes otros Iniciados, como Buda, Confucio y Pitágoras. Pero ninguno con la contundencia de Jesús, y a costa de su vida. Lo que la Iglesia hizo con la doctrina del Nazarenos es una cuestión distinta, que nos llevaría muchos libros ofrecer a la discusión. Somos de los que creemos que el mismo Jesús, el judío hijo de un carpintero y de la inolvidable María, si volviera a la Tierra no se reconocería en la imagen que el Vaticano ofrece de Él. Pero sí se sentiría cómodo en otros lugares del mundo, donde los misioneros, los miembros de distintas organizaciones internacionales y tantos otros altruistas, están volcando toda su vida, sus conocimientos y su alma por ayudar a los desheredados del planeta. Porque Jesús predicó la igualdad universal más absoluta, sin egoísmos, ni coartadas. La suya no fue una doctrina política, acaso ni siquiera una religión, porque lo que le importó fue el amor infinito a todos los hombres y mujeres del mundo, lo mismo a los de su época, como a los que vinieran después hasta el final de los tiempos...

186

BIBLIOGRAFÍA

Abecassis, Eliette: *Qumrán*
Barreau, Jean Claude: *Jesús el hombre*
Benítez, J. J.: *Los astronautas de Yavé*
Cannon, Dolores: *Jesús y los esenios*
Clare Prophet, Elizabeth: *Los años perdidos de Jesús*
Dod, Charles Harold: *El fundador del cristianismo*
Dominic Crossan, John: *Jesús: vida de un campesino judío*
Dufour, Xavier-León: *Los evangelios y la historia de Jesús*
Fricke, Weddig: *El juicio contra Jesús*
Hassnain, Fida: *La otra historia de Jesús*
Käsemann, Ernst: *El problema de Jesús histórico*
Ludwig, Emil: *El Hijo del Hombre*
Mack, Burton L.: *El Evangelio perdido - El documento Q*
Martín, Santiago: *El evangelio secreto de la Virgen María*
Martín Descalzo, José Luis: *Vida y misterio de Jesús de Nazaret*
Mauriac, François: *Vida de Jesús*
Micha, Alexandre: *Los evangelios de la infancia de Cristo*
Perrot, Charles: *Jesús y la historia*
Renan, Ernest: *Vida de Jesús*
Robbins, Victoria: *El enigma de los textos bíblicos*
Rops, Daniel: *Jesús y su tiempo*
Roux, Jean-Paul: *Jesús de Nazaret*
Schillebeeckx, Edward: *Jesús - La historia de un viviente*
Schure, Edouard: *Los grandes iniciados: Jesús, Hermes, Krishna, Moisés, Orfeo, Pitágoras, Platón y Rama*
Schweitzer, Albert: *Investigación sobre la vida de Jesús*
Thiede, Carsten Peter y D'ancona, Matthew: *Testimonio de Jesús*
Vermes, Geza: *Los manuscritos del Mar Muerto*
La Biblia vulgata latina en español (Editorial Gaviota)

ÍNDICE

189

¿Todo es leyenda? - El evangelio apócrifo de Pedro - El
testimonio que brindan los evangelios - Es posible dudar
de estos testimonios - La importancia del sepulcro vacío
-Las apariciones de Jesús - Una forma de reconstruir los
hechos - Frentes a las alucinaciones -La ascensión a los
cielos - Una conclusión que no lo es...